Beim Baobab rechts runter.
Text und Fotografie: Margret Kopp
Herausgegeben von Togo-Contact

© 2012 Togo-Contact
Hauptstraße 1a, 82216 Maisach
www.togo-contact.de

3. Auflage – 2018

Gestaltung und Umsetzung: KoppWork Orange – www.koppwork.de

ISBN 978-3-00-040570-9

Inhalt

Wie man den besten Freund seines Lebens findet 5

Wie alles begann 11

Die erste Togoreise 15

Akossivas Blick 35

Der Präfekt 41

Beim Baobab rechts runter 47

Unterwegs zum Village Christian 55

Ein Krankenhaus für Ogaro 61

In Memoriam Frère Raphael 69

Das verlorene Handy 73

Ein Geschenk für den Prinzen 81

Ein Vogel im Museum 95

Lehrreicher Baumwoll-Unfall 99

Nächtliche Begegnung mit der Sister 103

Wunderbare Straßen in Togo 109

Privatfoto: Margret Kopp und Pum (Gerhard Reichert) leiten ein Seminar für niederbayerische Schülerzeitungsredakteure in Viechtach (1970). Der damalige Landrat Helmut Feuchtinger (stehend) begrüßt die aus ganz Niederbayern angereisten Jungjournalisten.

Wie man den besten Freund seines Lebens findet

Schon als Kind träumte ich davon, zu schreiben, ja Schriftstellerin zu werden. Daher bin ich ganz besonders stolz, nun, im Alter von 60 Jahren, dieses kleine Geschichtenbuch herausgeben zu können, stellt es doch die Erfüllung eines Kindertraumes dar.

Da ich also schon immer gerne Geschichten, Briefe und Aufsätze schrieb, war es nicht erstaunlich, dass ich bereits in der Unterstufe des Gymnasiums bei unserer Schülerzeitung mitwirkte und schließlich Chefredakteurin wurde. „Chamäleon" hieß die Schülerzeitung des Robert-Schumann-Gymnasiums in Cham, und meines Wissens gibt es sie noch heute.

Eines Tages wurde ich ins Direktorat gerufen, wo mir der Schulleiter OStD Pilz eine Einladung zu einem bayernweiten Treffen für Schülerzeitungsredakteure der Jungen Presse Bayern (JPB) in München übergab und mir freundlich empfahl, daran doch teilzunehmen. Stolz legte ich die Einladung meinen Eltern vor, die erst gar nicht begeistert waren, ihr behütenswertes Töchterchen in die Gefahren der Großstadt enteilen zu lassen. Da ich aber bei Großmutter und Tante in München wohnen konnte und also unter einer gewissen Schutz-Fuchtel stehen würde, bekam ich auch die elterliche Erlaubnis, daran teilzunehmen.

Als ich mich dann der Anmeldung am Seminarort in München näherte, war ich doch ziemlich aufgeregt. Es war das erste Mal, dass ich an einer für mich so hochrangigen Veranstaltung teilnehmen konnte, ich kannte keinen Menschen, keinen anderen Schülerzeitungsredakteur, ich wusste nicht so recht, was mich erwartete, kurz – ich war ziemlich verschüchtert, als ich mich hinter anderen Seminarteilnehmern beim Eingang anstellte. Schließlich war ich an der Reihe und nannte meinen Namen. Den Effekt, den das auslöste, hatte ich jedoch nicht erwartet. Ein Strahlen ging über das Gesicht der jungen Frau, die die Anmeldungslisten ausfüllte. „Gut, dass du da bist", rief sie hocherfreut aus, „wir haben schon auf dich gewartet." Verdutzt stotterte ich: „Wieso ..." doch ich hatte gar keine Chance, meine Frage zu stellen, denn schon fuhr die strahlende Empfangsdame fort: „Du musst sofort zur Pressekonferenz, die geht jeden Moment los, eigentlich warten wir nur noch auf dich." Und schon sprang sie auf, ließ alle anderen in der Schlange warten, packte mich am Arm und zerrte mich in einen der Seminarräume, wo tatsächlich eine Pressekonferenz stattfand.

An den Inhalt dieses Pressetermins kann ich mich nicht mehr erinnern. Sicher habe ich damals auch keinen Beitrag von mir gegeben. Ich war viel zu verwirrt und überrascht. Doch danach nahm ich mir ein Herz und wandte mich erneut an die Empfangsdame. Alle Seminarteilnehmer waren inzwischen eingetroffen und hatten sich in die Listen eingetragen. Auch ich musste noch unterschreiben und konnte endlich meine Frage stellen: „Wieso bin ich für die Pressekonferenz vorgesehen gewesen?" Nun war es an der jungen Frau, mich verdutzt anzuschauen. „Aber", stotterte sie erstaunt, „aber der Gerhard Reichert hat doch gesagt, dass du ihn vertrittst, weil er selber erst etwas später kommen kann." „Ich kenne keinen Gerhard Reichert" erklärte ich entschieden und ließ eine reichlich verblüffte Empfangsdame zurück, um den anderen in den großen Saal zu folgen, wo das eigentliche Seminar stattfinden sollte.

Im späteren Verlauf der Vorträge näherte sich mir plötzlich mit entschlossenen Schritten ein junger Mann und machte sich mir als Gerhard Reichert bekannt. Es stellte sich heraus, dass er Vorsitzender des Arbeitskreises Niederbayern/Oberpfalz für Schülerzeitungen war. Bei der Pressekonferenz sollte jeder Arbeitskreis vertreten sein. Da er selbst jedoch nicht pünktlich hatte erscheinen können, hatte er sich die Anmeldeliste zeigen lassen, wer denn von seinem Arbeitskreis angemeldet sei. Es gab nur zwei Namen, von denen er keinen kannte. Aber so etwas würde Gerhard Reichert nie zugeben. Im Brustton der Überzeugung tippte er auf einen der Namen und behauptete fest, dies sei die Person seines Vertrauens, die ihn selbstverständlich vertreten würde, und dieser Name war zufällig ich.

Gerhard Reichert, der wegen seines pummeligen Äußeren von seinen Freunden liebevoll Pum genannt wurde, grinste mich herausfordernd an. „Und? Das hast du doch

Ich kenne keinen Gerhard Reichert

Wissenswertes!

Die „JPB - Junge Presse Bayern" gibt es noch heute. Hier die Informationen:

Die Junge Presse Bayern ist der selbst organisierte Landesverband der bayerischen Jugendmedien. Er unterstützt und fördert Schüler-, Jugend- und Studentenmedien durch ein breites Fort- und Weiterbildungsangebot und setzt sich für deren Interessen ein.

Die Junge Presse Bayern bietet Jugendlichen bei der Umsetzung ihrer Medienprojekte umfassende Unterstützung: von der Konzeption bis zur Schulung steht ihnen der Verein tatkräftig mit Know-How, Infrastruktur und Materialien zur Seite. Regelmäßige Seminare zu journalistischen und medienrelevanten Themen vermitteln den jungen Medienmachern notwendiges Know-How. Die Bildungsarbeit wird durch Angebote zur Berufsorientierung im Medienbereich, Publikationen und Serviceleistungen ergänzt. Im Rahmen schulbezogener Jugendarbeit wirkt der Verein auch direkt an Schulen, vor allem zur Unterstützung von journalistischen P-Seminaren und Schülerzeitungsredaktionen. Besonders hervorzuheben sind die Bayerischen Jugend-MedienTage, zuletzt die Ein-Tages-Veranstaltung „Haltestelle: Medienberuf", welche von der Jungen Presse Bayern in Zusammenarbeit mit dem MedienCampus Bayern veranstal-

tet werden. Auf diesem Kongress in der Medienhauptstadt München haben Jugendliche die Möglichkeit, sich einen Überblick über das Berufsfeld „Medien" zu verschaffen, wertvolle Tipps und Tricks für die Praxis zu erfahren und Kontakte zur Branche zu knüpfen.

Zudem besteht ein enges Netz zur Jugendpresse Deutschland e.V., dem Bundesverband Junger Medienmacher, und ihren anderen Landesverbänden.

www.jpbayern.de

bestens bewältigt!" Da konnte ich nicht anders: ich musste auch lachen. So begann eine Freundschaft, die lebenslänglich halten sollte.

Doch das wusste ich damals noch nicht. Zunächst wurde ich seine Stellvertreterin bei der Leitung des Arbeitskreises Niederbayern-Oberpfalz. Wir organisierten gemeinsam Seminare und Fortbildungsveranstaltungen für Schülerzeitungsredakteure bis hin zu einer Reise zu der Zeitung „Le Monde" in Paris und setzten uns intensiv für weniger Zensur und mehr Rechte für die Jungjournalisten an Schulen ein. Während ich für das Organisatorische zuständig war, besorgte Pum die dafür notwendigen Finanzen. Und immer hatten wir unglaublich viel Spaß bei all diesen Vorhaben und Plänen. Schließlich entschwand Pum ins Studium, und ich erbte den Vorsitz seines Arbeitskreises und führte die Arbeit in seinem Sinne fort, bis auch ich zu studieren begann. Unsere Wege trennten sich, auch wenn wir uns nie ganz aus den Augen verloren. Pum studierte Pharmazie, während ich mich den Sprachen Deutsch und Französisch zuwandte und zeitweise auch im Ausland studierte.

Wie sehr Pum dennoch mein Leben weiterhin beeinflussen sollte, das erfährt man, wenn man die weiteren Geschichten dieses Büchleins liest. Nur so viel vorab: aus dieser Zufallsbegegnung während meiner Schulzeit entwickelte sich eine einmalige Freund-schaft, die später auch meinen Mann und die Kinder einschloss. Gemeinsam hatten wir die Liebe für Frankreich entdeckt, und mit gegenseitiger Hilfe kamen er und wir zu einem Grundstück und einem Ferienhäuschen im Medoc bei Bordeaux.

Im Dezember 2009 ist Pum viel zu früh und überraschend im Alter von 62 Jahren gestorben. Dieses Büchlein widme ich ihm in dankbarem Gedenken. Ohne ihn wäre mein Lebensweg ein anderer gewesen.

Wie alles begann

Wenn meine Mutter geahnt hätte, was sie 1982 mit dem Ausschneiden eines Zeitungsausschnitts bewirken würde, hätte sie vielleicht ein wenig gezögert. Denn dieser Zeitungsartikel sollte mein Leben entscheidend verändern. Aber das konnte damals natürlich niemand wissen.

Ich lebte inzwischen mit meinem Mann in Gröbenzell bei München. Unser erster Sohn war auf der Welt, und ich hatte meine Berufstätigkeit als Lehrerin unterbrochen, um unser Baby selbst zu Hause versorgen zu können. In dieser Zeit schickte mir meine Mutter einen Artikel aus der Passauer Neuen Presse, malte einen unübersehbaren Pfeil neben ein Foto und schrieb dazu: „Den kennst du doch". Natürlich kannte ich ihn! Denn es handelte sich um einen Apotheker, der ein Medikamentenhilfsprojekt für Togo begonnen hatte. Auf dem Foto erkannte ich sofort den Pum wieder, mit dem ich während meiner Gymnasialzeit auf Bezirksebene der Schülerzeitungspresse eng zusammengearbeitet und viele Seminare und sogar Reisen für Schülerzeitungsredakteure organisiert hatte. Nun also war er inzwischen Apotheker in Hengersberg und schon wieder dabei, etwas zu organisieren. Spontan dachte ich bei mir: „Das ist doch typisch für den Pum: ohne irgendeine Organisiererei kann der gar nicht existieren."

Und ebenso spontan meldete ich mich bei ihm. Ich schrieb ihm, wie sehr mich sein Engagement für Menschen in dem armen afrikanischen Land Togo beeindrucke und dass ich, da ich „nur" zu Hause sei, ein wenig Zeit hätte, ob er mich in Reminiszenz an frühere Zusammenarbeit vielleicht auch bei seinem Afrika-Wirken brauchen könne. War das Angebot leichtsinnig? Unbedacht? Nein, damals hatte ich mir nicht viel dabei gedacht.

Pum rief umgehend an. Voller Begeisterung erklärte er: „Mensch, dich schickt der Himmel! Du mit deinen guten Französischkenntnissen ..." Es folgte ein ausführlicher Redeschwall über Togo, das ich bis dahin kaum kannte. Die offizielle Amtssprache in diesem Land mit über 40 verschiedenen Stämmen und ebenso vielen unterschiedlichen Sprachen ist Französisch, sodass ich dem Pum bei seiner Arbeit tatsächlich als Übersetzerin gut helfen konnte. Er selbst hatte schon 1980 eine erste Ladung gesammelter Medikamente mit einer Transall der Bundeswehr nach Togo gebracht und noch selbst verteilt. Diese Projektinitiative ist also inzwischen über 30 Jahre alt.

Mensch, dich schickt der Himmel!

1982 bemühte sich Pum gerade, funktionierende Projektstrukturen aufzubauen, damit die Hilfe nachhaltig und sinnvoll geleistet werden konnte. Ich durfte seine deutschen Briefe für die togoischen Partner ins Französische und die Post aus Togo ins Deutsche übersetzen. Schon bald waren wir wieder ein eingespieltes Team, und Pum machte sich nicht einmal mehr die Mühe, seine Briefe aufzusetzen. Er rief einfach an und nannte mir nur noch den Inhalt des Briefes, den ich dann gleich für ihn auf Französisch schreiben durfte. Ich versuchte mich sogar im Übersetzen von Beipackzetteln, die es damals für die Arzneimittel noch nicht selbstverständlich mehrsprachig gab, eine große Herausforderung, verstand ich doch als Nicht-Pharmazeutin oft schon im Deutschen nicht genau, was bei den Medikamentenerklärungen genau gemeint war. Oft zog ich meine französische Freundin aus Paris zu Rate.

Schon bald delegierte Pum auch organisatorische Aufgaben an mich, „weil er gerade gar keine Zeit habe", und voll Freude und Akribie setzte ich mich ans Telefon und versuchte, die Abholung von Arzneimittelspenden zu organisieren, das Lager in Hengersberg von der baldigen Ankunft weiterer Spenden zu informieren, die Container zu buchen, damit die Spenden nach Togo geschickt werden konnten, mit Partnern in Togo zu telefonieren und vieles mehr. Es machte mir großen Spaß, mein Französisch weiterhin zu nutzen und dadurch fit zu halten und eine sinnvolle Tätigkeit von zu Hause aus durchzuführen, die es mir ermöglichte, unseren Sohn weiterhin problemlos zu betreuen. Mein Mann freute sich, dass ich eine so positive Aufgabe gefunden hatte, die mich den Verzicht auf die Lehrtätigkeit leichter verschmerzen ließ, und unterstützte mich daher vom ersten Tag an ganz nachdrücklich.

Man könnte von Zufall sprechen: zufällig traf ich auf Pum beim Schülerzeitungsseminar, zufällig schickte mir meine Mutter diesen Zeitungsartikel ... Doch für mich waren es nicht Zufälle, für mich war es Schicksal.

Wissenswertes!

Sprachenkarte von Togo!

Offizielle Sprache:
Französisch

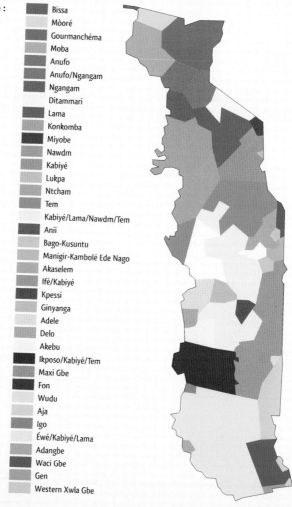

- Bissa
- Mòoré
- Gourmanchéma
- Moba
- Anufo
- Anufo/Ngangam
- Ngangam
- Ditammari
- Lama
- Konkomba
- Miyobe
- Nawdm
- Kabiyé
- Lukpa
- Ntcham
- Tem
- Kabiyé/Lama/Nawdm/Tem
- Anii
- Bago-Kusuntu
- Manigir-Kambolé Ede Nago
- Akaselem
- Ifè/Kabiyé
- Kpessi
- Ginyanga
- Adele
- Delo
- Akebu
- Ikposo/Kabiyé/Tem
- Maxi Gbe
- Fon
- Wudu
- Aja
- Igo
- Éwé/Kabiyé/Lama
- Adangbe
- Waci Gbe
- Gen
- Western Xwla Gbe

Pum im Bubu

Die erste Togoreise

1984 lud mich mein Freund Pum ein, nach Togo mitzureisen. Er sei mit einer Gruppe von Ärzten und Apothekern unterwegs und brauche unbedingt jemanden zum Dolmetschen. Unsere Kinder waren noch ganz klein, Andy gerade erst ein Jahr alt. Aber meine Mutter meinte: „Mädchen, das machst du, so eine Chance kriegst du nie wieder." Das dachten wir damals alle.

Mein Gott, war ich aufgeregt! Es war mein erster Flug und natürlich auch mein erster Schritt auf afrikanischen Boden. Als einzige Frau mit lauter Männern unterwegs – auch das eine ganz neue Erfahrung für mich. Ich hatte noch nie als Dolmetscherin gearbeitet. Würde ich das Togo-Französisch überhaupt verstehen? Ich konnte mir gar nicht vorstellen, was mich in diesem kleinen Land Togo erwarten würde? Neugier, Aufregung, Ängstlichkeit und Vorfreude bildeten während des Flugs mit Bal Air, eine damals noch bestehende Tochter der Schweizer Fluggesellschaft Swiss Air, einen intensiven Gefühlsmix in mir. In Zürich mussten wir umsteigen, dann endlich hob der Riesenvogel mit uns Richtung Afrika ab.

Schon der Temperaturschock war gewaltig. Im Februar herrschten bei uns in Bayern empfindlich kalte Temperaturen. Als wir in Togo aus dem Flugzeug stiegen, empfing uns Saunahitze. Die Brillengläser liefen sofort an, sodass ich im ersten Moment kaum etwas von Afrika sah, sondern aufpassen musste, nicht auf den Stufen der Gangway auszurutschen. Obwohl – bei meiner ersten Ankunft quasi den Boden Togos zu küssen, das hätte im späteren Rückblick sicher Symbolcharakter gewonnen, aber das wusste ich damals ja noch nicht.

Wir waren gegen 18 Uhr gelandet. Um diese Zeit wird es in Togo fast schlagartig dunkel. Wegen der Äquatornähe gibt es keine wirkliche Dämmerungsphase. So sah ich zunächst nicht viel von dem Land, das in meinem Leben eine so wichtige Rolle spielen sollte. Wir fuhren durch dunkle und dennoch belebte Straßen. Menschen liefen am Straßenrand zwischen den vielen kleinen Ständen herum, auf denen Petroleumlampen die Waren beleuchteten. Die schwarzen Menschen nahm man eher als Schatten wahr. Sie waren unterwegs und kauften wohl noch fürs Abendessen ein oder befanden sich einfach auf dem Nachhauseweg. Ich presste meine Nase an die Autoscheibe, um das romantisch wirkende Lichtergewimmel zu erkennen. Erst als wir an die Uferpromenade gelangten, die sogenannte Marina, eine vierspurige, palmengesäumte Prachtstraße, bekam Lomé etwas städtischen Charakter.

Wir waren im Hotel de la Paix untergebracht, einem großen Gebäude, nur durch eine Straße vom Strand getrennt, mit gut ausgestatteten Zimmern, Aufzug zu den höher gelegenen Stockwerken, einer einladenden Hotelhalle mit bequemen schweren Ledersesseln und einem angenehmen Restaurant auf der Terrasse beim Swimmingpool. Die architektonische Besonderheit des Hotels konnte ich erst am nächsten Tag entdecken. Die Außenfassade bot durch schwungvolle Mauerspitzen, die gleichsam in einer Wellenbewegung über das Dach hinausragten und den hohen Wellenbrechern der Atlantikbrandung nach empfunden waren, einen architektonisch attraktiven und für das Stadtbild charakteristischen Anblick. Leider ist dieses Hotel heute nur noch eine Ruine. Damals jedoch erschien es mir luxuriös und passte überhaupt nicht in mein Bild vom armen Afrika.

Gleich am Morgen des ersten Tages nahmen wir Kontakt auf mit ansässigen deutschen Organisationen wie die Deutsche Botschaft, die BTG (Bayerisch-togoische Gesellschaft) und die HSS (Hanns-Seidel-Stiftung, die sich damals noch Fondation Eyadéma nannte). Wir wurden überall sehr freundlich empfangen, das Hilfsangebot von Apotheker Gerhard Reichert wurde als hochwillkommen bezeichnet und Unterstützung im Rahmen der Möglichkeiten gerne zugesagt. Doch dann lernte ich sofort das so ziemlich Wichtigste in Afrika: Geduld. Denn die Unterstützung „im Rahmen der Möglichkeiten" entpuppte sich als langwierig.

Von der BTG, die eine KFZ-Lehrwerkstätte in Lomé eingerichtet hatte, war uns ein Fahrzeug zugesagt worden. Also wurden wir vom Chauffeur der Hanns-Seidel-Stiftung am frühen Nachmittag in die große Halle der BTG in der Nähe des Hafens gebracht und abgesetzt, wo eifrig an Autos herum gehämmert und geklopft wurde. Es herrschte ein unglaublicher Lärm, der am Wellblechdach, das den gesamten Raum überspannte, widerhallte, sodass sich meine ersten Dolmetscherversuche weniger aus mangelndem Verständnis der togoischen Aussprache, als vielmehr durch den Heidenlärm schwierig gestalteten. Dennoch konnten wir uns mit dem togoischen Werkstattleiter soweit einigen, dass wir nur 5 Minuten zu warten brauchten, dann würde uns ein Kleinbus

Aber 5 Minuten würden wir das schon aushalten ...

zur Verfügung gestellt. Aufatmend verließen wir den Höllenlärm und die Hitze der Werkstatthalle. Unter einem Baum an der Zufahrt suchten wir ein wenig Schatten und Schutz vor der sengenden Sonnenhitze und warteten. Es gab nichts, wo wir uns hätten hinsetzen können, wir standen einfach und schwitzten, auch ohne Bewegung. Aber 5 Minuten würden wir das schon aushalten – dachten wir.

Ich lernte schon bei diesem ersten Termin, dass togoische 5 Minuten eine völlig andere Zeitspanne darstellten als in Deutschland. Nach einer Viertelstunde wagte ich einen ersten Vorstoß beim Werkstattleiter, der mich sehr erstaunt anblickte, denn er hatte uns doch erklärt, wir müssten 5 Minuten warten. Ich solle nur geduldig sein, ab jetzt könne es wirklich nur noch 5 Minuten dauern. Nach einer halben Stunde fühlten wir uns von der ständig steigenden Hitze schon fast gebraten, Pum fürchtete um die weiteren für diesen Nachmittag geplanten Termine, doch ohne Fahrzeug konnten wir uns ja nicht weiter bewegen. Ich machte also einen erneuten Verhandlungsversuch beim Werkstattleiter, der mir diesmal mit einem ausführlichen Wortschwall erklärte, dass das Fahrzeug zwar zur Verfügung stehe, aber erst noch der Fahrer geholt werden müsse, der jedoch gerade nicht erreicht werden konnte, außerdem wolle man den Bus erst noch einmal durchchecken, bevor man uns damit durch das Land fahren lassen wollen, aber in wenigen Minuten sei bestimmt alles bereit. Ich starrte den Mann ziemlich verblüfft und ratlos an. Wieso hatte er uns das nicht gleich gesagt? Dann hätten wir uns nicht auf eine Wartezeit von 5 Minuten eingestellt. Nun ja, es sollte nicht das einzige Mal sein, dass togoische 5 Minuten sich als sehr viel längere Zeitspanne herausstellen sollten.

Gegen 16 Uhr präsentierte sich voll Stolz der Chauffeur Kokou mit einem Kleinbus, der zwar schon recht verbeult, aber sonst einigermaßen zuverlässig wirkte. Erleichtert kletterten wir hinein. Die Nachmittagstermine hatten wir eh schon verpasst, also ließen wir uns erstmal zu Marox fahren, wo wir unter dem schattigen Blätterdach fast wie in einem bayerischen Biergarten saßen. „Das Marox" war und ist der Treffpunkt für Europäer in Lomé. Dort gibt es eine zweisprachige Speisekarte (deutsch und französisch) mit bayerischen Leckerbissen wie „Schweinshaxe" – bei Togoern sehr beliebt –, Leberkäse und Weißwurst. Geliefert wurden die Leckerbissen von der Marox-Metzgerei, einem Betrieb mit Personal aus Bayern. In Richtung Badou im Landesinneren betrieb die Fa. März aus Rosenheim sehr erfolgreich einen Schweine- und Rinderzuchtbetrieb, der von ihnen später aber aufgegeben werden musste. „Weißwurst am Äquator" hieß eine nicht unkritische Fernsehsendung, die damals im deutschen Fernsehen über Togo gezeigt wurde. Bei Marox verstand ich, woher der Titel kam.

An diesem ersten Tag in Lomé hinterfragten wir jedoch nicht die wirtschaftlichen Aktivitäten deutscher Firmen in Togo, sondern bestellten uns – ausgedörrt wie wir uns fühlten – das gute Fassbier der „Brasserie du Bénin", einer ebenfalls von bayerischen Braumeistern eingerichteten Brauerei, die bis heute deutsche Biersorten wie Eku, Pils und Lager produziert und damit ganz Westafrika beliefert. Das war eine Wohltat, als das kühle Bier durch unsere Kehlen floss, und unsere Stimmung hob sich augenblicklich wieder. Wir beratschlagten das weitere Vorgehen, beschlossen, die verpassten Termine wie den Besuch der Caritas, die in Togo OCDI heißt, oder ein Treffen mit dem Erzbischof auf das Ende des Aufenthaltes zu verschieben und am nächsten Tag wie geplant früh morgens ins Landesinnere aufzubrechen. Stattdessen

Maggie-Suppen, Babywindeln, Schokolade, Wurstdosen, abgepackten Schinken, eine Frischfleischtheke – das passte wieder einmal gar nicht in meine Vorstellung vom armen Afrika.

deckten wir uns mit Obst von den bunten Marktständen vor dem Marox-Restaurant ein, statteten dem gleich benachbarten Marox-Supermarkt einen Besuch ab und kauften Vorräte an Weinflaschen und weiterem Proviant für unterwegs ein. Ich kam aus dem Staunen nicht mehr heraus. In diesem Supermarkt gab es wirklich allen europäischen Luxus: Maggie-Suppen, Babywindeln, Schokolade, Wurstdosen, abgepackten Schinken, eine Frischfleischtheke – das passte wieder einmal gar nicht in meine Vorstellung vom armen Afrika. Doch damals galt Togo noch als die „Schweiz Afrikas", weil es dort, wenn man Geld hatte, alles zu kaufen gab, was das Herz nur begehrte. Viele deutsche Entwicklungshelfer aus anderen afrikanischen Ländern kamen gerne für ein verlängertes Wochenende nach Lomé, um sich all den Luxus zu gönnen, den sie in ihren eigenen Einsatzländern nicht bekommen konnten. Doch natürlich waren es damals fast ausschließlich Weiße, die im Marox-Supermarkt einkauften.

Am nächsten Morgen sollte es also losgehen, die Fahrt ins richtige Afrika. Ich wurde beauftragt, alle Wertsachen der Gruppe im Hotelsafe sicher unterzubringen, wäh-

Wissenswertes!

Togo!

Togo ist ein kleines Land in Westafrika zwischen Ghana im Westen, Benin im Osten und Burkina Faso im Norden. Im Süden wird das Land von einem nur 60 km breiten Küstenstreifen des Atlantiks begrenzt, dem sog. Golf von Benin.

Das langgestreckte, schmale Land durchmisst ca. 600 km von Süden nach Norden, an der schmalsten Stelle zwischen Osten und Westen ist es nur ca. 40 km breit. Es umfasst eine Gesamtfläche von 56.785 km², ist also etwas kleiner als Bayern (ca. 70.000 km²).

Die Hauptstadt Lomé hat geschätzte 800.000 Einwohner, wobei die Außenbezirke rasant wachsen, weil viele junge Menschen Arbeits-chancen eher in der Stadt als auf dem Land erwarten.

Von 1884 bis 1914 war Togo deutsches Protektorat. Darauf legen die Togoer wert, dass sie keine Kolonie waren, sondern König Mlapa I. aus Togoville einen Schutzvertrag mit Gustav Nachtigal geschlossen habe. De Facto galt Togo im Deutschen Reich als „Musterkolonie", weil Togoland für den Aufbau seiner Verwaltung keine finanzielle Unterstützung aus dem Reich benötigte. Diese positive Wertung hat sich als generelle Wertschätzung der deutschen Kolonialzeit ins Ge-dächtnis der togoischen Bevölkerung eingeprägt und mag zum Teil die überaus große Deutschfreundlichkeit erklären, auf die man überall im ganzen Land stößt.

Die deutsche Kolonialzeit hat das Land infrastrukturell geprägt, was bis heute zu spüren ist. Die Eisenbahnlinien, die in der deut-schen Zeit gebaut wurden, existieren bis heute, auch wenn sie nur noch teilweise benutzbar sind. Als vor wenigen Jahren durch große Überschwemmungen insgesamt 13 Brücken einstürzten und die Haupt-verkehrsadern lahm legten, wurden die alten Eisenbahnbrücken aus der deutschen Kolonialzeit wieder aktiviert. Sie hielten immer noch und mussten übergangsweise den Straßenverkehr aufnehmen. Aus der deutschen Kolonialzeit haben sich noch einige Gebäude erhalten, wie z. B. die wunderbare Kathedrale in Lomé und in Kpalimé. Viele andere wie der Gouverneurspalast, der Verwaltungsposten Misa-Höhe, die Funksta-tion Kamina u. a. müssten dringend restauriert werden. Es würde sich lohnen, die deutschen Spu-ren zu erhalten und entsprechend der togoischen Wertschätzung zu pflegen. Dafür sind jedoch nur geringe Geldmittel verfügbar.

weiter auf Seite 21

rend das Gepäck bereits auf dem Dach unseres Busses verstaut wurde. Es dauerte mal wieder „5 Minuten", bis ich alle Formblätter für das Wert-Dépôt ausgefüllt und die Sachen in einer schweren Kassette abgegeben hatte. Als ich erleichtert zu meiner Gruppe stoßen wollte, musste ich entsetzt feststellen, dass der Bus bereits abgefahren war. In völliger Panik rannte ich zur Ausfahrt vom Hotelparkplatz und starrte auf die Hauptstraße, da kam mir unser Fahrzeug glücklicherweise wieder entgegen. Pum und die anderen feixten, und ich habe nie mit Sicherheit herausbekommen, ob mich die Herren nur veralbern wollten oder ob sie mich tatsächlich zunächst vergessen hatten. Ich nahm eher letzteres an, war jedoch viel zu erleichtert, nun doch noch in den Bus klettern zu können, als dass ich der Sache hätte weiter auf den Grund gehen wollen.

In Togo kann man sich kaum verfahren, die schmale langgestreckte Süd-Nord-Ausdehnung des Landes lässt nur eine Hauptstraße, die Route Nationale 1, zu, die von Lomé nach Dapaong führt. Auf dieser Strecke bewegten also auch wir uns nun Richtung Norden und wollten etliche Krankenstationen besuchen. Ich starrte neugierig während der Fahrt aus dem Fenster. Zunächst faszinierten mich die vielen Menschen, die in Lomé am Straßenrand provisorische – wie ich glaubte – Stände aufgebaut hatten und einen malerischen Wirrwarr an Verkaufsprodukten feilboten. Zahllose Frauen schritten scheinbar entspannt mit wiegendem Gang durch die Straßen, meist ein Baby im Tragetuch auf dem Rücken, weitere Kleinkinder an der Hand und auf dem Kopf Schüsseln mit Waren, die sie entweder bei einem der zahlreichen Stadtviertelmärkten anbieten oder direkt auf der Straße verkaufen wollten. Bei jedem Halt an einer der wenigen Ampeln oder an einer verstopften, unübersichtlichen Kreuzung wurde unser Auto sofort von einem Pulk solcher Straßenhändlerinnen umringt, die uns Zahnbürsten, Kaugummis, Zeitungen oder anderen Krimskrams aufdrängen wollten. Lachend wichen sie zurück, sobald unser Fahrzeug wieder anfuhr. Unser Fahrer schien sich an diesen Belagerungen nicht zu stören.

Bald verließen wir die Innenstadt und der Verkehr wurde ein wenig flüssiger. Die Häuser, die den Straßenrand säumten, wurden immer ärmlicher, oft waren es nur noch

Wissenswertes!

Das Land ist ein Vielvölkerstaat.
Ca. 6.650.000 Einwohner teilen sich auf über 40 verschiedene Stämme mit jeweils eigenen Sprachen auf. Es handelt sich jedoch in der Regel um grenzüberschreitend lebende Stämme, sodass sich die Familien- und Sippenbeziehungen auch in die Nachbarländer erstrecken. Die willkürliche Grenzziehung in der Kolonialzeit nahm keinerlei Rücksicht auf die Zusammengehörigkeit von Stämmen, worunter der gesamte afrikanische Kontinent bis heute leidet. Die Togoer gelten dennoch als ausgesprochen friedfertige, ja oft als zu gutmütig verspottete Menschen, die trotz der Sprachenvielfalt und der unterschiedlichen Religionszugehörigkeiten sehr friedlich miteinander auskommen. So kam es zwar in den 90er Jahren zu politisch motivierten Unruhen, aber nie zu einem Bürgerkrieg.

1914, als der erste Weltkrieg ausbrach, musste Deutschland seine Kolonie Togo praktisch kampflos aufgeben, da es nur eine kleine Schutztruppe zur Aufrechterhaltung der inneren Ordnung gab, mit der eine Verteidigung völlig ausgeschlossen war. Das damalige Togoland wurde dann zunächst zwischen Großbritannien (ca. 1/3) und Frankreich (ca. 2/3) aufgeteilt. Das heutige Togo entspricht dem französischen Teil, während der britische Anteil heute zu Ghana gehört. 1960 wurde der französische Teil zur unabhängigen Republik Togo mit der offiziellen Amtssprache Französisch. Von den 40 verschiedenen einheimischen Sprachen sind nur die Sprachen Ewe und Kabye als offizielle Landessprachen anerkannt. Der Einfluss Frankreichs auf das Land ist jedoch nach wie vor sehr stark zu spüren.

Togo wurde fast 40 Jahre lang vom Diktator Gnassingbé Eyadéma regiert. Dieser war zunächst von westlichen Staaten gefördert und unterstützt worden, auch als „Bollwerk" gegen den Sozialismus. Ende der 80er Jahre erwies sich der Weg zur Demokratie unter seiner Führung als schwierig und führte Anfang der 90er Jahre zu schweren politischen Auseinandersetzungen und Unruhen mit großen Fluchtbewegungen und auch vielen Todesopfern. Die westlichen Länder und die Europäische Union mit Ausnahme von Frankreich froren daraufhin die Entwicklungshilfegelder ein und stoppten die Entwicklungszusammenarbeit für nahezu 20 Jahre. Das Land verarmte und gehörte zu den 10 ärmsten Ländern der Welt. Inzwischen bemüht sich die neue Regierung um die Entwicklung des Landes, sodass Togo derzeit Platz 141 von 175 Ländern belegt, d. h. nur 34 Länder dieser Welt sind noch ärmer.

Togos Charme machen vor allem seine Menschen aus. Ihre Gastfreundschaft, ihre Fröhlichkeit, Ihre Improvisationsfähigkeit und Ihre Lebensfreude sind beeindruckend und ansteckend.

primitive Hütten oder Baracken. Auch der Menschenstrom am Straßenrand wurde weniger. Dann verlor sich die Bebauung ganz und wir fuhren durch üppiges Grasland, dünn bepflanzte Maisfelder und Felder mit den typischen Maniok-Erdhügeln. Der Süden Togos ist eine sehr fruchtbare Region, wo die Menschen in zwei Regenzeiten intensiv anbauen und entsprechend auch zwei Ernten Feldfrüchte einholen können. Immer wieder sah ich Gestalten gebückt mit einer einfachen Hacke auf den Feldern arbeiten. Palmen und Fächerakazien boten den typischen Anblick afrikanischer Landschaft, jeder Weg, der von der Hauptstraße abzweigte, zeigte die rote Erde Afrikas. Ich war vom ersten Augenblick an von diesem Anblick fasziniert und starrte begeistert aus dem Fenster.

Die Straße war schmal, befand sich aber ansonsten in einem guten Zustand, sodass wir gut vorankamen. Die offenen Fenster sorgten für angenehme Fahrtwindfrische, wir verkürzten uns die Fahrt durch viel Erzählen und Diskussion über die bisherige Projektaktivität und deren Weiterentwicklung. Jeder hatte bestimmte Vorstellungen und Ideen, die wir heftig diskutierten, obwohl keiner von uns wirklich Entwicklungshilfe-Erfahrung hatte. Lediglich Pum war wenigstens schon ein paarmal nach Togo gereist gewesen.

Schließlich machte unser Fahrer direkt vor der Eingangstür eines Gebäudes Halt und ließ uns aussteigen, um dann den Wagen im Schatten eines Baumes in der Nähe abzustellen. Wir hatten unser erstes Ziel erreicht. „Centre de Santé" stand in großen, verwaschenen Lettern über der Eingangstür direkt auf die staubige Mauerwand gemalt. Kein Mensch war zu sehen. Vorsichtig klopften wir an die Tür, riefen „Hallo, hallo" – aber nichts rührte sich. Eigentlich waren wir angemeldet, aber offensichtlich wurden wir nicht erwartet. Unschlüssig standen wir vor der verschlossenen Krankenstation und wussten nicht recht, was wir tun sollten, als sich endlich mit langsamen Schritten eine Gestalt aus einem Nebengebäude näherte. Die Frau stellte sich als die Hebamme vor, der Krankenpfleger und Leiter der Krankenstation sei leider nicht da, nur er wisse, ob wir angemeldet seien oder nicht. Sie selbst wisse nicht Bescheid und habe auch keinen Schlüssel, um uns die Station zu zeigen. Wann ihr Chef zurückkäme, sei auch völlig ungewiss. Aber sie forderte uns auf, auf der Bank, die offensichtlich für wartende Patienten aufgestellt war, Platz zu nehmen. Es könne nicht lange dauern.

So hatten wir uns den Auftakt unserer Projektbesuche eigentlich nicht vorgestellt. Sollten wir warten? Da wir mit den togoischen „5 Minuten" schon so schlechte Erfahrungen gemacht hatten, wollten wir das Risiko einer völlig unbestimmten Wartezeit nicht eingehen, zumal wir ja noch weitere Besuchstermine vor uns hatten. Also bat mich Pum, ich möge der Dame übersetzen: „Es tut uns sehr leid, dass wir nicht warten können, weil wir noch weitere Termine haben und weiter fahren müssen." Das war eine leichte Übung, sofort übersetzte ich diesen Satz Wort für Wort ins Französische. Doch dann geschah nichts. Alle starrten mich erwartungsvoll an, die Hebamme ebenso wie Pum und die anderen. Hatte ich etwas falsch gemacht? Mein Französisch war korrekt gewesen, da war ich ganz sicher. Ich stieß Pum unauffällig an und flüsterte: „Ich hab's schon gesagt, lass uns gehen", und wollte ihn in Richtung Auto schieben. Aber er flüsterte ebenso unauffällig zurück: „Du musst ein bisschen mehr sagen, blumiger reden, sonst ist es unhöflich." Ich sah ihn erstaunt an, aber er nickte nur auffordernd. Also wandte ich mich erneut an die Hebamme, entschuldigte mich wortreich für unsere Zeitnot, bat sie ausführlich, unser Bedauern dem Leiter der Krankenstation zu übermitteln, kündigte einen erneuten Besuch in einer völlig vagen Zukunft an und verabschiedete uns im Namen der gesamten Gruppe. Nach heftigem Händeschütteln verließen wir die Frau und bewegten uns endlich in Richtung unseres Autos. Kokou ließ bereits den Motor an und kam uns entgegen, wir kletterten hinein und unter heftigem Winken schwenkten wir wieder auf die Hauptstraße ein und fuhren weiter in Richtung Norden des Landes. Dies war meine erste Erfahrung mit Übersetzung der Pumschen Kurzaussagen in blumige, bildreiche Sprache, der noch viele folgen sollten.

Den ganzen Tag über fuhren wir in Richtung Norden und besuchten verschiedene Dispensaires, also kleine Krankenstationen und Erstehilfeposten. Wir trafen auf keine Ärzte, sondern die Versorgung der Patienten wurde durchwegs von Krankenpflegern und Schwestern geleistet. Unsere Ärzte in der Gruppe wurden oft um Rat bei schwierigen Fällen gefragt, doch meist konnten die ortsansässigen Kräfte besser diagnostizieren als unsere Fachleute, die ohne ihre Hilfsmittel auch nur schwer erkennen konnten, um welche Erkrankungen es sich wirklich handelte. Die Apotheker erkundigten sich ausführlich nach dem dringendsten Arzneimittelbedarf. Die Antworten wiederholten sich von Mal zu Mal, denn im Grunde fehlten überall alle Basismedikamente, besonders wichtig seien Schmerzmittel, Antibiotika und Medikamente gegen Malaria. Pum holte aus unserem Gepäck immer wieder kleine Vorräte dieser so wichtigen Spenden, die wir als erste Nothilfe sofort da ließen, und versprach, größere Mengen zu schicken. Die Übersetzungen waren für mich nicht ganz einfach, da mir der pharmazeutische Spezialwortschatz natürlich nicht geläufig war und ich mich auch an das Französisch mit starkem Togo-Akzent erst gewöhnen musste. Aber die Begrüßungsfloskeln und die wortreichen Verabschiedungen hatte ich schon bald gut drauf.

In Atakpamé, einem hübschen Städtchen, dessen Häuser sich auf fünf Hügeln verteilten, aßen wir im einzigen Hotel des Ortes zu Mittag. Das Roc-Hotel liegt hoch oben an einem Hang. Die Dachterrasse bot einen bezaubernden Blick auf die zahlreichen Wellblechdächer und kleinen Lehmhütten, die sich unter Baumgruppen zusammen zu kuscheln schienen. Das Essen war gut, das Bier schön kühl, die Verkäufer von Schnitzwaren und Souvenirs ließen uns nicht aus den Augen, doch wir genossen die Pause nach den mehrfachen Treffen und anstrengenden Besprechungen. Für die Rückfahrt in einigen Tagen reservierten wir schon mal unsere Hotelzimmer, denn an diesem ersten Tag wollten wir noch bis Pagala fahren.

Gestärkt traten wir also die Weiterreise an und absolvierten noch drei weitere Projektbesuche. Die Sonne brannte unbarmherzig vom Himmel. Sobald das Auto stehen blieb, verwandelte es sich innerhalb von Sekunden in einen Backofen. Außer lauwarmen Wasserflaschen gab es nichts, womit wir unseren Durst hätten löschen können. Zwar bot man uns überall zur Begrüßung Becher mit Wasser an, doch das wagten wir nicht zu trinken, denn seine Sauberkeit war äußerst zweifelhaft. Schließlich kamen wir ziemlich verschwitzt, mit staubiger Kleidung und durstig gegen 18 Uhr in Pagala an, einem Dorf ein wenig abseits der Hauptstraße in Richtung Ghana. Es war gerade noch rechtzeitig, bevor übergangslos die Nacht hereinbrach. Hier in Togo in Äquatornähe gibt es fast keine Dämmerungsphase, auch sind die Tage das ganze Jahr über gleich lang. Die Sonne geht jeden Tag zwischen 5 Uhr 30 und 6 Uhr auf und zwischen 18 Uhr und 18 Uhr 30 unter.

In Pagala wurden wir voller Herzlichkeit von drei holländischen Schwestern empfangen, die schon seit Tagen auf uns gewartet hatten. Unser Ankunftstermin war ihnen falsch übermittelt worden. Doch das ist in Afrika kein Problem. Die Schwestern betrieben damals ein vorbildliches kleines Krankenhaus mit stationärer Aufnahmemöglichkeit, das heute zu einer modernen Klinik ausgebaut ist. Doch zunächst wurden wir in das bescheidene Schwesternhaus geführt, wo wir auf einer kleinen Veranda mit frischen Säften erfrischt wurden. Das war eine Wohltat!

Dann ging es um die Zimmerverteilung. Für eine so große Besuchergruppe gab es keine ausreichenden Schlafgelegenheiten. Verlegen drucksten die Schwestern herum, bis sie schließlich damit heraus rückten, dass eine Person leider auf der Liege im Entbindungsraum des Krankenhauses übernachten müsse. Unter großem Gelächter und anzüglichen Bemerkungen wurde unser Pum dazu auserwählt, dieses „Einzelzimmer" zu belegen, während ich ein Zimmer mit allen Schwestern teilen durfte und die übrigen Herren auf die anderen zwei Schwesternzimmer verteilt wurden. Überall waren Matratzen ausgebreitet. Es gab keinen Strom, die Petroleumfunzeln verbreiteten ein romantisches Dämmerlicht. Gegen die Mücken wurden Räucherspiralen entzündet und in den Räumen aufgestellt. Im Hinterhof kochten einige Frauen auf einer offenen Holzfeuerstelle. Statt Duschen standen große Wassereimer randvoll gefüllt bereit, und mit einer Kalebasse konnte man schöpfen und sich mit dem erfrischenden Nass überschütten.

Nun sollten die Koffer aus dem Auto geholt und auf die Zimmer verteilt werden. Beim Schein unserer Taschenlampen kletterte Kokou auf das Autodach und hievte alle Taschen und Koffer nach unten. Jeder suchte im Dunkeln nach seinem Gepäckstück, Helfer schleppten es bereitwillig in das vorgesehene Schlafgemach. Doch so sehr auch ich auf, neben und unter dem Auto nachschaute, mein Koffer wollte nicht auftauchen. Verzweifelt wandte ich mich an Kokou, der mir aber versicherte, er habe wirklich alles ausgeladen. Ich sehnte mich nach frischer Kleidung, da alles an mir klebte, meine Mitreisenden wuschen sich zum Teil bereits mit der Kalebassen-Dusche, um sich fürs Abendessen frisch zu machen, nur ich stand immer noch verzweifelt neben unserem Fahrzeug. Tatsächlich war mein einziger Koffer, in dem sich meine gesamte Reiseausstattung befand, in Lomé geblieben. Keine Chance auf neue Wäsche oder frische Kleidung. Zum Glück hatte ich ein wenig Waschzeug in meiner Handtasche verstaut, da ich damals noch die irrige Vorstellung hatte, man könne sich unterwegs irgendwo einmal auf einer Toilette frisch machen. Dass wir als Toilette unterwegs nur den Busch benutzen würden, hatte ich mir nicht vorstellen können. So hatte ich also wenigstens mein Deo und Seife zur Hand, alles andere aber wartete auf mich in Lomé, bis wir am Ende unserer Rundreise wieder dorthin zurückkehrten.

Zum Abendessen holten die Schwestern sogar einige Flaschen Bier hervor. Ich staunte über die Herzlichkeit des Empfangs und die Fröhlichkeit, die die Frauen, die unter so schwierigen Bedingungen harte Arbeit leisteten, an den Tag legten. Wir lachten und witzelten miteinander, als würden wir uns schon ewig kennen, und es wurde ein langer Abend. Die Schwestern bekamen offensichtlich nicht oft Besuch und freuten sich umso mehr über unser Dasein. Im Schein der Taschenlampen verschwanden wir schließlich in unseren Schlafräumen. Pum tappte über den Hof in den Kreißsaal des Krankenhauses.

Mir schien es, als sei ich gerade erst eingeschlafen, als ich durch die Unruhe der Schwestern in meinem Zimmer schon wieder geweckt wurde. Eiligst standen die drei Holländerinnen auf und fuhren in ihre Nonnenkutten. Für meine Fragen hatten sie keine

Zeit, anscheinend gab es einen Notfall im Krankenhaus und sie winkten mir, einfach mitzukommen. Also schlüpfte auch ich schnell in Hose und T-Shirt und folgte ihnen. Es

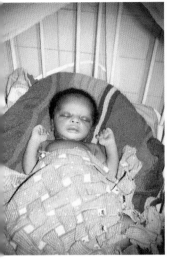

handelte sich jedoch nicht um einen dramatischen Unfall, wie ich erwartet hatte, sondern um eine hochschwangere Frau, die von ihrer Familie mitten in der Nacht zur Krankenstation gebracht worden war. Pum musste schleunigst seine Lagerstatt räumen, und wir durften der Entbindung beiwohnen. Es war für mich ein wunderbares, beglückendes Gefühl, als das kleine Baby vor uns lag. Es war ganz rosa, hatte aber bereits dichten schwarzen Haarflaum auf dem Kopf. Die Schwestern erklärten mir, dass der kleine Junge erst im Laufe der ersten zwei Lebenswochen dunkel werden würde. Alle Babies seien bei Geburt fast weiß. Ich konnte nur staunen.

Am nächsten Morgen besichtigten wir ausführlich das Krankenhaus und schauten nochmals bei „unserem" Baby vorbei, das schon eifrig an der Brust seiner Mutter saugte. Dann ging es weiter ins Landesinnere Togos, um die Projektbesuche fortzusetzen.

In den ersten Tagen versuchte ich, meine Tageskleidung abends jeweils zu waschen, um am nächsten Tag einigermaßen sauber zu sein. Doch die Sachen trockneten nicht über Nacht. Schließlich schlüpfte ich in Hemd und Hose eines der männlichen Mitreisenden, auch wenn diese Sachen viel zu groß für mich waren. Doch mit Damenslips konnten die Herren nicht dienen. Als wir an einem Dorfmarkt vorbei kamen, beschloss ich zu versuchen, dort nach Damenunterwäsche zu suchen. Natürlich ließen es sich meine Mitreisenden nicht nehmen, mich dabei zu begleiten. Fachmännisch versuchten sie, mich zu beraten, und feixten, ob ich die Höschen nicht erst probieren wolle. Es war einfach ein Heidenspaß, Kokou half mir beim Handeln und so konnte ich schließlich einige knallbunte Unterhosen erwerben.

Da wir unsere Fahrt nun schon mal unterbrochen hatten, bummelten wir noch über den Marktplatz. Dicht an dicht reihten sich die kleinen Stände. Oft saßen die Frauen einfach mit ihren Waren auf einer Matte am Fußboden. Kleine Kinder krabbelten unbesorgt auf dem Boden herum, kauten auf einem Blatt oder Obststückchen herum oder nuckelten schläfrig an der Mutterbrust. Der Verkauf der Feldfrüchte und anderer Produkte liegt in Togo fast ausschließlich in Frauenhand. Malerisch bauen sie Tomatendosen neben Trockenfisch auf, türmen das Obst in Pyramiden oder gleichmäßigen Reihen auf, bieten Mais-, Hirse- und Reiskörner in geflochtenen Körben oder in Kalebassen an, diesen harten Fruchtschalen, die als Teller, Tasse oder Schüssel dienen können. Zahlreiche unbekannte Gewürze erregten meine Neugier, doch wagte ich nur daran zu schnuppern. Unsere Apotheker entdeckten zu ihrem Entsetzen einen Tisch, auf dem in voller Sonnenhit-

ze zahllose bunte Tablettenschachteln und Arzneimitteldosen angeboten wurden. Angerissene Blisterpackungen, einzelne Pillen in den verschiedensten Farben und bunte Dragées konnten einzeln gekauft werden. Ob der Verkäufer überhaupt eine Ahnung hatte, was er seinen Kunden für ein Medikament verkaufte? Wir mutmaßten, dass die Heilmittel wohl vorwiegend nach der Farbe ausgesucht würden. Die Wirksamkeit der Stoffe war durch die starke Sonneneinwirkung sowieso sehr fraglich. Nach dieser Erfahrung einer „Markt-Apotheke" setzte unsere Reisegruppe die Fahrt ziemlich ernüchtert fort. Doch umso wichtiger erschien es Gerhard Reichert, gerade auch in einem Entwicklungsland wie Togo ein hohes Maß an Qualität und Standards bei der Arzneimittellieferung zu erreichen. Eifrig diskutierte und entwickelte er bereits erste Pläne dafür.

Unser Reiseprogramm war umfangreich. Wir besuchten zahlreiche Buschkrankenstationen, trafen einige deutsche Ärzte, wie z. B. in Agou bei Kpalimé, wo die Norddeutsche Mission ein großes Krankenhaus eingerichtet hat. Die deutsche Arztfamilie begrüßte uns sehr herzlich und erzählte uns von den so andersartigen Lebensbedingungen in einem Land wie Togo. Der fehlende Komfort aus Europa wurde für sie aufgewogen durch die Herzlichkeit der Kontakte mit den Menschen und durch die tägliche Herausforderung, schwierigste medizinische Probleme zu lösen, und die Freude darüber, wenn dies tatsächlich gelang. Die Besichtigung der Krankenhausapotheke war für unsere mitreisenden Apotheker aus Deutschland sehr ernüchternd. „Schauen Sie mal, was für Unsinn in Deutschland gemacht wird," ärgerte sich der Klinikchef und zeigte uns einen Berg von unsortierten Arzneimittelpackungen. „Da werden in den Pfarreien Arzneimittelproben, übrig gebliebene Medikamente aus den Hausapotheken und Apothekenretouren gesammelt und in Entwicklungsländer geschickt. Mein armer Apotheker hier ist völlig überfordert, diese Packungen zu sortieren. Er kann ja nicht einmal die Beipackzettel lesen!" Unsere Apotheker begannen, den Wust an Schachteln und Dosen zu sichten. Vielfach waren die Medikamente längst abgelaufen. Ein Großteil der Packungen war angerissen, gerade bei Antibiotika also nicht mehr mit ausreichenden Mengen des jeweiligen Präparats bestückt. Aber niemand in der Krankenhausapotheke wagte, diese Sachen wegzuwerfen, denn man müsse sich ja bei den Spendern bedanken und ihnen nachweisen, wie man die Arzneimittel verwendet habe. Pum stimmte dem Krankenhausdirektor zu, dass solche Hilfe eher kontraproduktiv und keinesfalls sinnvoll sei. Einer der Apotheker versprach, im nächsten Jahr wieder zu kommen und die Krankenhausapotheke „auszumisten" und gemeinsam mit dem einheimischen Apothekerpersonal systematisch zu sortieren und ein Lagersystem nach Indikationsgebieten einzurichten. Erneut wurde uns allen klar, wie wichtig professionelle Hilfe gerade im Bereich der Arzneimittelversorgung war, und wir diskutierten während der Weiterfahrt heftig, wie dies in einem Land wie Togo zu erreichen sei.

Zu einem Highlight unserer Reise geriet der Besuch des Elsässer Missionars Pfarrer Rösch. Als Deutschland 1914 die Kolonie Togo kampflos an die Alliierten übergeben musste, teilten sich die Franzosen und die Engländer das Land auf. Das heutige Togo ist nur der damalige französische Gebietsanteil, der englische Teil gehört heute zu Ghana. Zur deutschen Kolonialzeit war die offizielle Amtssprache Deutsch, auch in den Schulen wurde in deutscher Sprache unterrichtet. Die Franzosen änderten dies natürlich sofort. Um jedoch den Übergang zu erleichtern, wurden zunächst Elsässer Missionare nach Togo geschickt, da diese sowohl die deutsche als auch die französische Sprache beherrschten, und diese holten weitere Missionare aus ihren Glaubensgemeinschaften nach. Auf diese Weise war auch Pfarrer Rösch schon seit vielen Jahren in Togo tätig, zunächst als Lehrer am einzigen Gymnasium in Lomé – durch seine erzieherischen Hände sind viele spätere Minister gegangen – dann als Pfarrer der Missionsstation in Tomegbe, nahe der Ghanagrenze.

Das Dorf Tomegbe liegt im waldreichen und klimatisch angenehmen nördlichen Teil des Plateaus, auch Kaffeedreieck genannt. In diesem fruchtbaren Gebiet gedeihen Kaffee und Kakao und bilden die Haupteinnahmequellen der Bauern. Die gesamte Ernte wird vorwiegend von Franzosen aufgekauft. Da das Geschäft über eine staatliche Vertriebsgesellschaft abgewickelt wird, müssen die Bauern oft monatelang auf Bezahlung warten. Um ihre Familien zu ernähren und die Kinder in die Schule schicken zu können, verschulden sie sich und nehmen Kredite auf, sodass oft die nächste Ernte schon verkauft ist, bevor das Geld der letzten Ernte überhaupt eingeht, ein Teufelskreis, der trotz der Fruchtbarkeit der Felder zu großer Armut bei den Bauern führt. Pfarrer Rösch erzählte uns ausführlich über diese negative Entwicklung für seine Pfarrkinder. Wir gewöhnten uns rasch an sein lustiges Kauderwelsch aus Elsässer Deutsch und Französisch.

Gastfreundlich nahm er uns in seinem kleinen Pfarrhaus auf. Sein Koch verwöhnte uns mit feinster französischer Küche, eine echte Überraschung so mitten im Busch. Zur Übernachtung lagen Matratzen in der Eingangshalle, wo die Männer einschließlich des Pfarrers die Nacht verbringen konnten, während ich als einzige Frau das Privileg hatte, im Bett des Pfarrers schlafen zu dürfen. Doch zu viel Schlaf kamen wir eh nicht. Viel zu viel konnte uns Pfarrer Rösch aus seiner langjährigen Erfahrung über und in Togo erzählen, mit fortschreitender Stunde flogen Witzchen hin und her, die Rotweinflasche und der Whiskey machten die Runde, der Pfarrer genoss es offensichtlich sehr, in seiner abgelegenen Missionsstation Besuch zu empfangen.

die Rotweinflasche und der Whiskey machten die Runde

Beim ersten Hahnenschrei am nächsten Morgen, eigentlich war es noch ganz dunkel, weckte uns Pfarrer Rösch unbarmherzig. Mir kam es vor, als hätte ich nur wenige Minuten geschlafen. Nur dunkel erinnerten wir uns daran, dass der Pfarrer uns frühes Aufstehen angeraten hatte, um vor der Weiterfahrt unbedingt noch zum Wasserfall zu laufen. Keiner wollte sich daran erinnern, diesem Vorschlag zugestimmt zu haben. Das lohne sich unbedingt, versicherte er unseren skeptischen Mienen. Der Koch war offensichtlich noch früher aufgestanden, denn er servierte uns bereits heiß dampfenden Kaffee und frisches Rührei. Das ließ unsere Geister wieder mobil werden, und nach kurzer Stärkung chauffierte uns Pfarrer Rösch persönlich in die Morgendämmerung. Nach kurvenreicher Fahrt, die der Pfarrer mit viel Hupen und Vollgas bewältigte, kletterten wir bei einem Wasserlauf aus dem Fahrzeug. Pfarrer Rösch organisierte einige Burschen als Führer, denen wir vertrauensvoll auf einem Trampelpfad in den Busch folgten. Zunächst liefen wir parallel zum Bach über einige Wiesen, die im zarten Morgenlicht mit vielen Tautropfen glitzerten, und durchquerten dann einige Kakao- und Kaffee-Pflanzungen, wo uns die Führer die direkt am Stamm wachsenden Kakaoschoten zeigten und die noch grünen Kaffee-Kirschen erklärten, deren Kerne erst als Kaffeebohnen den Weg über die Trocknung und Röstung bis in unsere Kaffeetassen finden. Ich war fasziniert von diesem Naturerlebnis. Weit und breit kein Zivilisationsgeräusch, nur das Rauschen des Baches, das Gezeter von Vögeln, die ihrem Ärger über unser Erscheinen lautstark Luft machten, und andere Geräusche, die wohl von Tieren herrührten, die ich aber nicht einordnen konnte, begleiteten unsere Wanderung. Immer dichter wurde der Busch, der undurchsichtige enge Bewuchs von Büschen und Elefantengras wurde immer wieder von riesig hoch ragenden Bäumen unterbrochen. Ich musste den Kopf weit zurück legen, um bis in ihre Kronen hinauf schauen zu können. Bäume von solchen gewaltigen Ausmaßen gibt es bei uns in Deutschland gar nicht. Ananaspflanzen und Bananenstauden zogen meine Aufmerksamkeit auf sich.

Unser Trampelpfad wurde immer enger, mehrmals mussten wir durch den Bach waten, wobei uns unsere Führer immer wieder anboten, uns hinüber zu tragen. Unter lautem Gejohle und Gelächter nahm dies einer unserer Ärzte auch tatsächlich an, wobei er hinterher betonte, dies nur zum Schutz seines Fotoapparates getan zu haben.

Der Weg führte inzwischen steil bergauf. Ohne unsere Führer hätten wir oft gar nicht gewusst, wo es weiter geht. Wir gerieten gewaltig ins Schwitzen, denn trotz der frühen Stunde war es bereits sehr warm, und die hohe Luftfeuchtigkeit im Wald tat ihr Übriges dazu. Nach einer knappen Stunde jedoch hatten wir das Ziel erreicht: staunend standen wir in der Gischt des aus 35 Metern Höhe herabstürzenden Wasserfalls und bewunderten das Naturschauspiel. Angenehm kühl war es hier, ein leichter Luftzug wehte einen Schleier aus winzigen Wassertröpfchen auf uns. Vor uns lag ein einladender kleiner See, in den sich der Wasserfall ergoss, und schon stürzten wir uns alle in voller Montur in das klare, erfrischende Bad, denn an das Mitnehmen von Badesachen hatte keiner von uns gedacht.

Pfarrer Rösch hatte recht gehabt: der Wasserfall von Akloa ist einfach ein Muss – und ist es bis heute. Auch wenn es inzwischen eine kleine Herberge am Ausgangspunkt gibt, auch wenn der Weg zum Teil mit Geländer und Brücken ausgestattet ist. Aber das Erlebnis, durch diese nahezu unberührte Natur zu laufen, ist immer noch dasselbe. Damals wusste ich ja noch nicht, dass ich diesen Weg noch sehr oft würde gehen können. Ich stand viel mehr triefend nass am Rand des kleinen Sees und konnte mich gar nicht satt sehen. Immer wieder ließ ich meine Blicke über die üppige Vegetation streifen, hielt mein Gesicht in die entgegen wehende Gischt des Wasserfalls und versuchte, diese tiefen Empfindungen intensiv aufzunehmen und für immer in meinem Gedächtnis abzuspeichern, blickte ich nach oben in den von Regenbogenfarben aufblinkenden Wasserfall. Nur ungern ließ ich mich von den anderen wieder zum Aufbruch drängen, aber wir hatten ein volles Tagesprogramm vor uns, das wir nur abwickeln konnten, wenn wir durch unseren Wasserfallausflug nicht übermäßig viel Zeit verloren. Ich trennte mich also von dem überwältigenden Schauspiel und folgte seufzend unseren Führern bergab. Bis wir unten ankamen, waren unsere Kleider wieder getrocknet. Nur die Turnschuhe quietschten noch bei jedem Schritt vor Nässe. Wir zogen sie aus und setzten uns barfuß in den Wagen, wo Pfarrer Rösch auf uns gewartet hatte.

Er kutschierte uns erneut in abenteuerlichem Tempo über die schmale, unübersichtliche Piste. Was wir nicht wussten, war die Tatsache, dass außer ihm niemand im Dorf ein Auto besaß und dass Fußgänger sich beim nahenden Motorengeräusch sofort seitlich in den Busch retteten, da sie die Fahrweise ihres Priesters schon kannten.

Pfarrer Rösch hatte noch eine weitere Überraschung für uns auf Lager. Statt zum Pfarrhaus zurückzukehren, mussten wir erst noch die Krankenstation des Nachbardorfes, die von Ordensschwestern geführt wurde, besuchen. Die Schwestern lachten und tuschelten, als wir barfuß vor ihnen standen und durch die Gesundheitsstation tappten. Doch Pum ließ sich nicht aus dem Konzept bringen und stellte sofort seine fachlichen Fragen zum konkreten Bedarf und zum vorhandenen Knowhow. Auch ich konzentrierte mich aufs Übersetzen und vergaß ganz unser merkwürdiges Aussehen. Plötzlich holten uns einige kichernde Mädchen bei unserem Rundgang ein, knieten sich vor uns nieder und hielten uns mit viel Gelächter ein paar Lederriemen-Sandalen bereit (heute nennt man diese Art Fußbekleidung Flipflops), in die wir schlüpfen konnten. Wir schlurften nun mit ungewohntem Schuhwerk durch das Dispensaire und wirkten damit natürlich um keinen Deut seriöser. Wenn wir uns gegenseitig betrachteten, mussten wir selbst grinsen.

Natürlich erhofften sich die Schwestern Arzneimittelspenden für diese Gesundheitsstation, die Pum ihnen auch versprach, wobei er ihnen einen ersten Notvorrat aus den mitgebrachten Kartons übergab. Dann endlich kam die herzliche Verabschiedung von den fröhlichen Schwestern und dem gastfreundlichen Pfarrer, und wir saßen wieder in unserem eigenen Auto, um unsere Fahrt fortzusetzen.

Unsere Rundreise war geprägt von intensiven Besichtigungen von Krankenstationen und Erstehilfeposten und von zahllosen Begegnungen mit Schwestern, Pfarrern, Dispensaireleitern und Dorfchefs. Am meisten aber beeindruckten mich immer wieder die vielen Kinder, die sofort neugierig herbei gerannt kamen, wenn wir irgendwo mit unserem Auto stehen blieben, die uns umringten, unsere Haut anfassten, ob die denn abfärbte, die sich kichernd und lachend um uns scharten, wie arm sie auch immer waren. In manchen Dörfern hatten viele Kinder kaum einen Fetzen Kleidung am Leib, sie starrten vor Schmutz, was angesichts des Wassermangels vor allem im Norden nicht verwunderlich war, sie wiesen den typischen Blähbauch als deutliches Zeichen für Unter- oder Mangelernährung auf. Trotz aller Armut schienen sie stets fröhlich zu sein. „Yowo, Yowo – Weißer, Weißer" riefen sie uns stets zu, wenn wir vorbeifuhren, rannten ein Stück des Wegs neben und hinter uns her und freuten sich, wenn wir ihnen zuwinkten. Nur entlang der größeren Straßen, wo auch Touristen passierten, streckten sich uns fordernde Händchen entgegen und schrien die

Yowo, Yowo

Kinder lauthals „cadeau, cadeau – Geschenk, Geschenk". Unsere mitgebrachten Kugelschreiber und Spielsachen verteilten wir dennoch nicht an diese Bettelkinder, sondern überließen sie den Pfarrern oder Lehrern, damit diese sie an die wirklich bedürftigen Kinder verteilten.

In den Krankenhäusern trafen wir immer wieder auf stark unterernährte Säuglinge und Kleinkinder. Die zerbrechlich dünnen Ärmchen und Beinchen, der greisenhafte Gesichtsausdruck, die völlige Apathie dieser Kinder taten mir in der Seele weh. Als ich eines dieser federleichten Babies im Arm hielt, da dankte ich innerlich meinem Schicksal, das es meinem Mann und mir gestattete, unsere eigenen Kinder in Wohlstand aufwachsen lassen zu können. Als das kleine Bündel in meinem Arm plötzlich das Gesicht verzog und zu weinen begann, war ich ganz entsetzt, aber die Schwestern freuten sich darüber, denn wenn so ein Winzling wieder Gefühle zeigt, ist er über den Berg. Mir jedoch machte dieses Erlebnis klar, dass ich in Zukunft mehr für die benachteiligten Kinder in Togo tun wollte.

Als wir nach der zehntägigen Rundfahrt nach Lomé in die Hauptstadt zurückkehrten, stand ich fast hilflos vor meinem Koffer. All die Tage hatte ich ohne viel Kleiderauswahl auskommen müssen, und nun stand ich vor all den völlig unberührten Klamotten und konnte mich gar nicht entscheiden, was ich aus der Vielfalt auswählen und anziehen sollte. Es schien mir plötzlich so unwichtig. Ich war voll von so vielen völlig neuen, unglaublichen, unvorstellbaren Eindrücken, und ich konnte es kaum glauben, dass es nur zehn Tage waren, die hinter uns lagen. Da war die Kleiderfrage völlig bedeutungslos geworden.

Wir absolvierten noch den ehrenvollen Empfang beim Erzbischof, der uns versprach, in den kirchlichen Räumen des Ordinariats kostenlos eine kleine Halle zur Zwischenlagerung der Medikamentenspenden zur Verfügung zu stellen, fanden uns zu einem Abschiedsessen im „Relais de la Poste" ein – dies sollte zu einer Tradition all unserer späteren Reisen werden – wo es einen wunderbar zubereiteten Hummer gab, und schon saßen wir wieder im Flugzeug auf dem Heimweg nach Deutschland.

Ich kehrte verändert zurück. Obwohl ich mit lauter Ärzten und Apothekern unterwegs gewesen war, hatten diese es nicht verhindern können (und wohl auch nicht wollen), dass ich vom „Togo-Virus" infiziert wurde, von dem ich bis heute noch nicht „geheilt" bin. Nach dieser ersten Reise brauchte ich mehrere Wochen, bis ich überhaupt wieder so richtig zu Hause und im „normalen" Leben angekommen war. Einige Dinge kann ich bis heute nicht mehr, z. B. einen Wasserhahn laufen lassen oder unnötig lange duschen. Hatte ich bis dahin eigentlich mehr aus Freude am Einsatz meiner Französischkenntnisse bei diesem Medikamentenprojekt mitgeholfen, so hatte sich das geändert: von nun suchte ich auch eigene Tätigkeitsfelder, und als Lehrerin lagen mir natürlich die Kinder am nächsten. Mein Mann ließ sich von meinen Erzählungen anstecken und unterstützte mich tatkräftig bei allen Vorhaben, und unsere eigenen Kinder wuchsen von nun an „mit Togo" auf.

Akossivas Blick

Er hat sich mir eingebrannt, dieser Blick. Ich kann ihn nicht abschütteln, nicht wieder loswerden. Wenn ich die Augen schließe, steht Akossiva vor mir und schaut mich unverwandt an.

Es war ganz im Norden Togos. Ich wollte erstmals eine Aids-Selbsthilfegruppe treffen und war selbst etwas unruhig und unsicher, wie ich mit diesen „todgeweihten" Menschen umgehen sollte. Wir trafen uns im Hof einer Schwesterngemeinschaft im Schatten eines Baobab und während mir vor allem Frauen von ihren Sorgen und Nöten berichteten, von der fehlenden Aufklärung, den falschen Verdächtigungen und Bezichtigungen der Hexerei, von ihren Ängsten um das weitere Schicksal ihrer Kinder, vom verzweifelten Kampf, die Krankheit möglichst lange hinaus zu zögern, vom Fehlen der Medikamente und, und, und – während sie mir all das in erstaunlicher Offenheit und Ruhe darlegten, stand abseits ein kleines Mädchen und hielt seinen Blick unverwandt auf mich gerichtet. Ich diskutierte mit den Frauen über Aufklärungskampagnen bei Jugendlichen und Sensibilisierung bei den Menschen in den Dörfern vor Ort, wofür vor allen Dingen ein Fahrzeug benötigt wird, und wurde dabei immer wieder von den Augen dieses Mädchen angezogen. Es bewegte sich nicht von der Stelle. Wir sprachen über die Möglichkeiten, Medikamente zu beschaffen, um den Patienten ihre Leiden zu lindern. Die Mütter kämpfen verzweifelt darum, möglichst lange noch für ihre Kinder da sein zu können, während die Männer sich meistens selbst aufgeben und verzweifeln, wenn ihnen ihre Krankheit bewusst wird. Besonders ausführlich besprachen wir daher die Einrichtung von Betreuungsmöglichkeiten für die alleine zurückbleibenden Kinder, und immer wieder schweifte mein Blick dabei zu dem kleinen Mädchen ab, das nach wie vor unbeweglich dastand und mich anschaute, als erwarte es etwas von mir.

Später erzählte mir die Leiterin der Selbsthilfegruppe, dass dieses kleine Mädchen Akossiva heißt. Sie hat ihre aidskranke Mutter bis zu ihrem Tod gepflegt und diese ist schließlich in ihren Armen gestorben. Seitdem spricht Akossiva kein Wort mehr, sitzt stumm bei den anderen Waisenkindern, still und in sich gekehrt, will bei Spielen oder anderen Aktivitäten nicht mitmachen. Umso erstaunter waren die Betreuer, als Akossiva von selbst zu unserer Besprechung mitging und da sie ja nur still am Rande stand und nicht störte, ließen sie sie gewähren.

Ich war berührt vom Schicksal dieses kleinen Mädchens, und ihr Blick, der mir auf einmal wie eine Frage, ein Hilferuf vorkam, verfolgte mich. Auch als ich schon nach München zurückgekehrt war, brauchte ich nur den Blick nach innen zu richten, um Akossiva wieder vor mir zu sehen und ihre Augen auf mir zu spüren. Natürlich bemühte ich mich um Hilfe für die Aids-Selbsthilfegruppe, deren Eigeninitiative ohne jedwede Mittel mir Respekt abgenötigt hatte und Unterstützung verdient. Ich schrieb zahlreiche Briefe an die verschiedensten Gruppierungen, um ein Zeichen der Solidarität und konkrete Hilfen zu erbitten. Doch meistens kam gar keine Antwort oder nur bedauernde Absagen. Ich wollte die Angelegenheit schon unter „Nichtrealisierbares" ablegen, aber da war Akossivas Blick, der mich nicht losließ, der sich nicht einfach in irgendeinen Aktenordner ablegen ließ.

Dann las ich von einem Sonderprogramm zur AIDS-Problematik beim Bundesministerium für wirtschaftliche Zusammenarbeit (BMZ), und sofort reichte ich einen Antrag bei der dafür zuständigen Beratungsstelle bengo ein. Da ich sowieso keine sofortige Antwort erwartete, rief ich nach einiger Zeit bei bengo an, um nachzufragen, welche Aussichten mein Antrag haben könnte. Akossiva schien direkt vor meinem Schreibtisch zu stehen, als ich den Hörer abnahm und die Nummer wählte. Ihr Blick drückte Hoffnung und Vertrauen aus.

Also, die Dame am anderen Ende der Leitung konnte sich immerhin erinnern, dass da ein Schreiben von mir gekommen sei. Mit gelangweilt nuschelnder Stimme bat sie mich um Geduld, bis sie den Vorgang herausgesucht habe. Akossiva und ich warteten geduldig. Ja, sie habe es gefunden, tönte es schließlich aus dem Telefonhörer, was ich denn nun wissen wolle. Ich versuchte zu erläutern, wie dringend die Aids-Patienten Medikamente bräuchten. „Nein", klang es gelangweilt aus dem Telefonhörer, „den Kauf

Wissenswertes!

Aids-Infizierte Erwachsene in Togo:

2004: 4.1%
2007: 3.3%
2009: 3.2 %

Togo liegt auf der Weltrangliste der Aids-Infizierten im Jahr 2007 auf Rang 21.

Im Jahr 2007 gab es in Togo ca. 7.700 Aids-Tote - in Deutschland im gleichen Jahr weniger als 1000.
(Quelle: www.welt-auf-einen-Blick.de)

In der Realität sind die Zahlen in Togo sicher noch wesentlich höher, da viele Erkrankte nicht getestet und daher auch nicht statistisch erfasst werden können.

Ein großes Problem stellt die Versorgung der zurückbleibenden Aids-Waisen dar. Die Generation der Großeltern, anstatt im Alter auf die Unterstützung ihrer Kinder zählen zu können, müssen erneut Erziehungsverantwortung für die Enkel übernehmen, eine Aufgabe, die sie oft genug überfordert und noch schneller altern oder zusammen brechen lässt. Die Großfamilie lehnt die Aufnahme solcher Aids-Waisen sehr oft ab, aus Angst vor „Verseuchung", aus Unwissenheit über die Auswirkungen der Krankheit, aus Armut und sogar aus dem Aberglauben heraus, die Kinder hätten ihre Eltern verhext und daher ihren Tod hervorgerufen.

Waisenhäuser entstehen oft aus der Not heraus, ohne wirklich mit den notwendigen Mitteln für die Betreuung der Kinder ausgestattet zu sein. Eine zunehmende Zahl von Kindern und Jugendlichen wächst so in dem Bewusstsein auf, unerwünscht oder zumindest eine große Belastung zu sein. Wie sie dann einmal als Erwachsene die Zukunft ihres Landes gestalten werden, sollte zum Nachdenken anregen. Eine intensive Unterstützung der Aids-Waisenhäuser ist daher eine Investition in die Zukunft unserer einen, gemeinsamen Welt.

von Medikamenten finanzieren wir grundsätzlich nicht, auch nicht für eine begrenzte Zeit. Denn danach stehen die Patienten ja wieder vor demselben Problem." Akossivas Blick verdunkelte sich. Ich konnte mir vorstellen, was es für sie bedeutet hätte, wenn ihre Mutter mit Medikamenten wenigstens ein Jahr hätte länger leben können. Doch die entfernte Stimme konnte Akossiva und ihren Blick nicht sehen.

Ich versuchte mein Glück mit der Frage, ob nicht wenigstens das Fahrzeug für die Aufklärung in den Dörfern finanziert werden könne. „Ach ja", kam es gedehnt und zögerlich vom anderen Ende der Leitung, „das wäre unter Umständen möglich, aber nur, wenn sicher gestellt ist, dass die nutznießende Gruppe in der Lage ist, Rücklagen zu bilden, um bei Abnutzung des Fahrzeuges selbst wieder ein neues Fahrzeug anzuschaffen." Akossivas Blick verdunkelt sich immer mehr, und ich fragte mich, wie weit entfernt diese Entscheidungsträger am Schreibtisch von den tatsächlichen Nöten der Menschen in Entwicklungsländern sind. Wovon sollen die aidskranken Frauen in Togo, die ihre letzten Kräfte mobilisieren, um eine Verbesserung für eine Zukunft zu erreichen, die sie selbst nicht mehr erleben werden, wovon sollen diese Frauen noch Rücklagen bilden?

Doch Akossivas Blick war unerbittlich, und ich wagte einen dritten Anlauf, ob nicht wenigstens für die Betreuung der zurückbleibenden Waisenkinder finanzielle Hilfe bewilligt werden könne. Diesmal klang die Stimme nicht zögerlich gelangweilt, sondern ausgesprochen entschieden, als sie antwortete: „Die Finanzierung von Betreuungseinrichtungen für Waisenkinder fällt nicht in die Richtlinien des Aidshilfe-Sonderprogramms. Das gehört überhaupt nicht in Ihren Antrag."

Als ich langsam den Telefonhörer auf die Gabel legte, kam es mir vor, als hätten sich Akossivas Augen mit Tränen gefüllt.

Hilfe für
die Kinder in Togo!

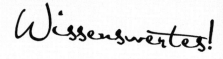

Kinder sind die Zukunft eines Landes. Wenn dieser Satz wirklich stimmt - und ich bin von seiner Richtigkeit überzeugt! - dann liegt die Zukunft unserer gemeinsamen Welt nicht mehr in Europa, sondern in anderen Kontinenten, in Afrika, auch in Togo! Diese Kinder werden einmal als Erwachsene die Geschicke unserer einen Welt bestimmen. Daher ist es so wichtig, die jungen Menschen überall auf der Welt bestmöglich auf diese Herausforderungen vorzubereiten. Neben der humanitären Solidarität ist dies für mich der wichtigste Grund für mein Engagement in Togo.

Unser Projekt hat sich inzwischen von einem rein privat gemanagten Einsatz zu einem gemeinnützigen Verein entwickelt, der in Deutschland der größte Verein mit ausschließlichem Engagement für Togo ist. Gleichzeitig ist Aktion PiT-Togohilfe e.V. Ansprechpartner für sehr viele Togohilfsinitiativen in ganz Deutschland geworden, um Hilfsgüter nach Togo zu transportieren.

Im Mittelpunkt der Arbeit von Aktion PiT-Togohilfe e.V. steht die unmittelbare Hilfe für Kinder und junge Menschen. Besonders viel Wert wird auf die Transparenz des Spendenwegs gelegt, sodass jeder Spender ganz genau erfährt, wo seine Spende eingesetzt wird, sei es direkt bei einem Patenkind oder seiner Familie, sei es in einem Brunnenprojekt, bei einem Schulhausbau oder bei den Schulspeisungsprojekten.

Wenn auch Sie helfen wollen, besuchen Sie die Homepage:

www.aktionpit.de

Spendenkonto:
IBAN: DE34 7005 3070 0031 0399 10
BIC: BYLADEM1FFB
Sparkasse FFB

weil die Hilfe ankommt!

Der Präfekt

Uff – endlich waren wir unterwegs nach Atakpamé, wo ich mich mit Projektpartnern aus Sotouboua treffen wollte, um einen Praktikanteneinsatz bei deren Radioprogramm zu besprechen. Es war schwierig gewesen, uns rechtzeitig von der 50-Jahrfeier des Waisenhauses in Lomé zu verabschieden. Die Schwestern konnten uns keinesfalls ohne Bewirtung abfahren lassen, andererseits hatten die Freunde aus Sotouboua bereits angerufen, dass sie schon unterwegs zu unserem Treffpunkt seien und ob es denn beim vorgesehenem Besprechungstermin bleibe. Meine ständigen Verspätungen scheinen sich in ganz Togo herumgesprochen zu haben.

Doch nun saßen wir im Wagen und ein Blick auf meine Uhr beruhigte mich, dass wir es noch einigermaßen pünktlich bis nach Atakpamé schaffen konnten. Nun musste ich mir nur noch einen Programmpunkt für meinen Begleiter Gerhard Fischer einfallen lassen, für den die Projektbesprechungen nicht besonders interessant sein würden. Er war ja nach Togo gekommen, um Kontakte aus seiner eigenen Tätigkeit von vor fast 30 Jahren in Lomé wiederzufinden oder neu zu beleben. Schließlich fielen mir die Ruinen der ehemaligen Funkstation in Kamina, einem Vorort von Atakpamé, ein. Zur deutschen Kolonialzeit zählte sie zu den größten technischen Errungenschaften, denn es war von hier aus erstmals möglich, direkten Funkkontakt vom afrikanischen Kontinent nach Berlin aufzunehmen, damals im Jahr 1914 eine echte Sensation. Als sich jedoch die kleine Schutztruppe in Togo schon zu Beginn des ersten Weltkrieges ergeben musste, wurde die erst seit wenigen Wochen in Betrieb genommene Sendestation gesprengt, damit sie

41

nicht in Feindeshand fallen konnte. Die Überreste liegen noch immer auf dem Gelände verstreut und es findet sich immer ein Dorfbewohner, der die wenigen Touristen, die sich dorthin verirren, zu den Ruinen führt und mehr oder weniger zutreffende Erklärungen abgibt. Gerhard stimmte meinem Vorschlag, ihm in Atakpamé den Besuch der alten Sendestation zu ermöglichen, erfreut zu. Erleichtert lehnte ich mich in den Polstersessel unseres Wagens zurück und genoss die wenigen Stunden Entspannung während der Fahrt. Alle Probleme waren gelöst.

In Atakpamé wurden wir sehr freundlich von einem der Brüder Sacre-Coeur empfangen. Die Zimmer für unsere Übernachtungen waren schon vorbereitet. Die Begrüßungszeremonien bekamen einen kleinen Dämpfer, als Bruder Remy fast nebenbei bemerkte: „Übrigens, der Landrat wartet schon im Sprechzimmer auf Sie." Ich runzelte die Stirn und fragte mich, warum der Präfekt mich wohl sehen wollte. Sicherlich würde er mich um Unterstützung irgendeines zweifelhaften Projektes oder gar um eine Computerausstattung für sein Büro bitten wollen. Innerlich ärgerte ich mich ein wenig über die Brüder Sacre-Coeur, dass sie den Präfekten überhaupt über mein Kommen informiert hatten.

Doch mit unvorhergesehen Besuchen und Gesprächspartner hatte ich schon einige Übung, ich fügte mich also auch hier in Atakpamé in mein Schicksal und beschloss, das Gespräch so kurz wie möglich zu halten. Schließlich wollte ich ja die Freunde aus Sotouboua, die sicher schon irgendwo im Haus meiner harrten, nicht unnötig lange warten lassen. Ich stellte also nur kurz mein Gepäck in mein Zimmer und eilte zum Landrat in den Besprechungsraum, wo er mich mit seinem Begleiter, dem Beauftragten für Tourismus *Doch da hatte ich plötzlich einen Geistesblitz, eine nahezu geniale Eingebung.* und Kultur, erwartete. Während wir die üblichen Begrüßungsfloskeln und Förmlichkeiten austauschten, überlegte ich krampfhaft, wie ich ihn, ohne allzu unhöflich zu erscheinen, schnellstens wieder loswerden könnte. Doch da hatte ich plötzlich einen Geistesblitz, eine nahezu geniale Eingebung. Mit allem mir zu Gebote stehenden Charme strahlte ich den Präfekt an und fragte ihn, ob er meinen Begleiter Gerhard Fischer zu besagter Sendestation führen und ihm diese zeigen könnte. Das leicht irritierte Zucken im Gesicht des Landrates überspielte ich mit der Beteuerung, dass wohl niemand so gut in der Lage sein könne wie der Präfekt, um ein so wichtiges historisches Monument vorzustellen. Das sah

Wissenswertes!

Kamina - die ehemalige deutsche Funkstation

Man muss schon wirklich nach der Funkstation Kamina suchen, wenn man sie in Atapkpamé finden will. Dabei ist sie eigentlich die einzige Sehenswürdigkeiten der Stadt. Aber kein Wegweiser, kein Hinweisschild verrät, in welche Richtung man sich begeben muss. Dabei gibt es seit Neuestem eine gut geteerte Zufahrt, aber halt nur, wenn man denn weiß, dass man diese Straße nehmen muss. Auf der Strecke zum Nangbeto-Stausee trifft man zunächst auf das Grab eines gefallenen deutschen Soldaten. Daneben steht ein Gebäude, dessen noch immer beeindruckende Freitreppe der Vorderfront und der umlaufende Balkon den typischen Baustil der deutschen Kolonialzeit verraten. Dem deutschen Botschafter Alexander Beckmann ist es zu verdanken, dass wenigstens hier eine große Tafel aufgestellt ist, die auf das technische Wunder der Funkstation Kamina hinweist. In der Tat war es den Deutschen gelungen, 1913 eine Funkstation zu errichten, die im August 1914 ihren Betrieb aufnahm und zum ersten Mal einen direkten Funkkontakt von afrikanischem Boden nach Berlin herstellte, eine echte technische Meisterleistung. Allerdings sprengten die Deutschen sie nach wenigen Wochen noch im September

weiter auf Seite 45

der Präfekt offensichtlich auch so, auch wenn er zugeben musste, dass er selbst diese Stätte noch nie besucht habe. Dies sei also die beste Gelegenheit, auch für seinen Tourismusbeauftragten, den historischen Ort kennen zu lernen. Eiligst holte ich also Gerhard Fischer herbei, gemeinsam mit dem Präfekten und seinem Tourismusbeauftragten kletterte er in das funkelnagelneue Allradfahrzeug, und ich winkte erleichtert hinter dem davon rollenden Wagen her.

Höchst zufrieden mit mir selbst und dem so geschickt eingefädelten Programm machte ich mich auf die Suche nach Bruder Remy, um zu erfahren, ob die Partner aus Sotouboua bereits eingetroffen seien und ich die freie Zeit zu ungestörten Projektbesprechungen nutzen könnte.

Bruder Remy starrte mich ob meiner Frage völlig verblüfft an und erklärte: „Aber Frau Kopp, Sie haben doch gerade den Präfekt von Sotouboua weggeschickt!"

Ich glaubte meinen Ohren nicht zu trauen: Welche Peinlichkeit! Der Präfekt wäre eigentlich mein erwarteter Gesprächspartner gewesen!

Am liebsten hätte ich mich für den Rest des Abends in ein Mauseloch verkrochen. Doch als der Landrat nach 1 ¾ Stunden von der Besichtigung der Sendestation zurückkehrte, gab es keinerlei Verärgerung oder Standpauke, sondern nur großes gemeinsames Gelächter über das Missverständnis.

weiter von Seite 43

selbst wieder in die Luft, damit sie nicht in Feindeshand fiel, denn die bescheidene Schutztruppe in Togo musste sich den anrückenden englischen Truppen ergeben. Glaubt man den Angaben auf der Tafel, hat die Funkstation in der kurzen Zeit ihres Bestehens durch die Übermittlung kriegswichtiger Information wesentlich mehr Geld eingespart, als der ganze Bau gekostet hat. Es lohnt sich, einen der sofort herbei eilenden Jungs als Führer zu engagieren und sich die im verwucherten Busch herumliegenden Turbinen und Gerätereste anzuschauen. Nur wenige hundert Meter abseits kann man eine Allee durchqueren und stößt erneut auf noch bestehende Verwaltungsgebäude aus der deutschen Zeit, die heute allerdings als Unterkunft für straffällig gewordene Jugendliche dient. Der Initiative eines weiteren deutschen Botschafters, Josef Weiß, ist es zu verdanken, dass pünktlich zum Jubiläumsjahr 2013/2014 ein Buch über die Funkstation Kamina erschienen ist. Herausgeber ist - natürlich - Togo-Contact. Bestellungen sind über die Homepage *www.togo-contact.de* oder per E-Mail *info@togo-contact.de* möglich.

Kamina
des Kaisers
Großfunkstation
in Afrika

ISBN 978-3-00-042631-5

Beim Baobab rechts runter

Mein Sohn Andy und ich hatten uns mal wieder mühsam über die Piste von Kara aus bis nach Bassar gekämpft. Von Kabou bis Bassar war die Straße immerhin im Bau, man konnte also hoffen, dass es zu einem späteren Zeitpunkt einmal eine bessere und schnellere Verbindung in das nahe der Ghanagrenze gelegene Gebiet der Bassari, wie sich der Stamm dort nennt, geben würde. Doch wir hatten noch nicht dieses Glück, sondern fuhren in tiefen Staub gehüllt zum Teil zwischen den Raupen und schweren Straßenwalzen, zum Teil aber auch über provisorische Umleitungspfade. Es machte wenig Sinn, die Fenster zu schließen, denn der Staub drang durch alle Ritzen und schien wie durch einen Ventilator von hinten nach vorne in unserem offensichtlich wartungsbedürftigen VW-Bus verteilt zu werden.

Da wir wegen der Umfahrungen nicht auf der üblichen Einfahrtsstrecke in die Stadt Bassar, die immerhin ca. 30.000 Einwohner zählt, einfuhren, fanden wir nicht gleich den richtigen Weg zur katholischen Mission und zum Pfarrhaus. Die ungeteerten Pisten, an denen sich hinter Mauern versteckte einfache Behausungen reihten, sahen für uns alle gleich aus.

"... biegen Sie da hinten mal nach links"

"... das ist noch weiter da vorne"

Normalerweise orientierte ich mich an der einzigen geteerten Einfallstraße und den großen Gebäuden wie Kirche oder Schule. Doch diesmal trafen wir nicht auf diese charakteristischen Häuser und wir irrten ziemlich hilflos kreuz und quer durch die Gassen und Wege. Es blieb uns nichts anderes übrig, als

mehrfach nach dem Weg zu fragen. Die Erklärungen wie z. B. „là-bas, tournez à gauche - biegen Sie da hinten mal nach links" oder „c'est encore plus loin - das ist noch weiter da vorne" halfen uns nur bedingt weiter. Aber nach mehrmaligem Fragen erreichten wir doch das richtige Tor, wagten uns über die zur Abwehr von den frei herumlaufenden Ziegen und Schafen angelegte Stangenüberfahrt und hielten erleichtert vor dem Pfarrhaus.

Wurden wir erwartet? Zunächst zeigte sich niemand. Als wir aus dem Auto kletterten und uns gegenseitig musterten, mussten wir erstmal lachen. Wir sahen wie Gammler aus: unsere Gesichter waren fast verklebt vom Staub-Schweiß-Gemisch, die Haare standen uns durch den Fahrtwind kreuz und quer zu Berge, die Kleidung wirkte alles andere als frisch und appetitlich. Wo war die nächste Dusche? Leider half alles nichts, wir mussten uns erstmal in diesem Zustand dem Pfarrer als Hausherrn präsentieren, damit wir in unsere Zimmer und an die erlösende Waschmöglichkeit kamen.

Beherzt gingen wir auf den Eingang des Pfarrhauses zu und klopften energisch. Weiterhin herrschte zunächst Stille, doch dann schlurfende Schritte, eine quietschende Tür und schließlich ein sich im Schloss drehender Schlüssel – tatsächlich öffnete uns ein Herr in Jeans und T-Shirt. Ich blinzelte und versuchte das Gesicht im Gegenlicht zu erkennen. Sollte das der Pfarrer sein? Ich hatte ihn irgendwie anders in Erinnerung, aber da ich ja schon öfter mal jemanden nicht wieder erkannt hatte, war ich mir nicht sicher. „Père Sylvestre?" fragte ich vorsichtig. „Il arrive – er kommt gleich" versicherte mir unser Türöffner mit einem strahlendem Lachen und lud uns freundlich ein, näher zu treten. Wir wagten es kaum, uns in unserem verschmutzten Zustand zu setzen. „Ça va, ça va - das passt schon", beruhigte uns Herr Gbati, der sich als Koch und Haushälter des Pfarrhauses vorstellte. Während er uns das unvermeidbare Glas Wasser zu Begrüßung brachte, hörten wir wieder die Haustür quietschen, und freudestrahlend stürzte der Kaplan Père Jean-Paul herein. „Wie gefällt es Ihnen?" begrüßte er uns, indem er uns sofort seine Deutschkenntnisse unter Beweis stellte. Ich grinste, denn ich hatte ihm schon mehrmals am Telefon erklärt, dass diese Begrüßungsformel nicht ganz richtig war. „Ach so", erinnerte er sich auch sofort, „ja, ja, es muss heißen: wie geht es Ihnen?" Schon riss er mich in seine Arme und küsste mich zweimal rechts und zweimal links, und wiederholte dabei jedes mal begeistert „Wie geht es Ihnen?" auch Andy musste sich dieser Begrüßungsprozedur unterziehen.

Ich hatte mit Père Jean-Paul schon viel telefoniert und ihn auch schon einmal kurz in Lomé getroffen, da er gerne zu einer Urlaubsvertretung von einem deutschen Pfarrer eingeladen werden wollte. Im ersten Anlauf war dies Vorhaben jedoch am Widerstand des Münchner Ordinariats gescheitert. Für das kommende Jahr wollte nun mein eigener Heimatpfarrer aus Aufkirchen Père Jean-Paul gezielt anfordern, und der Kaplan aus Bassar übte daher bei jeder Gelegenheit seine Deutschkenntnisse und versuchte, sich auf seinen Aufenthalt in Deutschland gut vorzubereiten.

Umso mehr freute er sich natürlich, meinen Sohn und mich in Bassar empfangen zu können und die Details für den Aufenthalt in Deutschland besprechen zu können. Entsprechend herzlich fiel seine Begrüßung aus. Als er bemerkte, dass wir nur ein Glas Wasser bekommen hatten, rannte er sofort selbst in die Küche und brachte uns zwei große kalte Bierflaschen aus dem Gefrierschrank. Das tat gut!

Während wir genussvoll das kühle Bier in unsere Kehlen rinnen ließen, gesellte sich auch Pfarrer Sylvestre zu uns. Er ist ein hoch gewachsener schlanker Mann mit einem sehr jugendlich wirkenden Gesicht, stets freundlich, besonnen und ruhig. Ich konnte mir bei ihm nicht vorstellen, dass ihn irgend etwas aus der Ruhe bringen könnte. Auch er hieß uns in seinem Pfarrhaus sehr herzlich willkommen, prostete uns mit einem Glas Wasser zu und kündigte uns schließlich an, dass wir uns erstmal in Ruhe frisch machen sollten. Später könne ich die Patenkinder treffen, in ca. zwei Stunden gebe es dann Abendessen, man habe Familie F., die ich doch sicher kenne, dazu eingeladen. Ich kannte eigentlich keine Familie F., aber ich freute mich darauf, sie kennen lernen zu können. Zunächst jedoch waren wir dankbar, dass uns Père Jean-Paul unsere Zimmer zeigte.

Er führte uns in ein in unmittelbarer Nachbarschaft gelegenes zweistöckiges Gebäude, das ursprünglich von den Steyler Missionaren gebaut und genutzt worden war. Da Bassar jedoch inzwischen eine eigenständige Pfarrei geworden und die Steyler Missionare in anderen Regionen Togos eingesetzt werden, wurden die Räume im Erdgeschoss inzwischen als Büros genutzt, während sich auf den Etagen anscheinend noch immer Schlafzimmer befinden. Jedenfalls wurden Andy und mir im ersten Stock Zimmer zugewiesen. Die Toiletten befanden sich am Ende des Ganges, aber die Zimmer selbst waren sauber und jeweils mit zwei Betten ausgestattet. Doch das schönste für uns waren die jeweils kleinen anschließenden Kammern mit Dusche. Wie freuten wir uns darauf, den Staub der langen Pistenfahrt endlich abwaschen zu können.

Ich holte aus meinem Koffer daher als allererstes meine Waschtasche heraus, streifte meine Kleider ab und schlüpfte in den fensterlosen Duschraum. Doch oh je, das Licht funktionierte nicht. Aber das machte mir nichts, ich bewohnte mein Zimmer ja allein und konnte die Tür zur Dusche offen lassen. Ich genoss es auch im Dämmerlicht, dass ein kräftiger Wasserstrahl kühlen Wassers für Erfrischung und Sauberkeit meines Körpers sorgte und ich auch meine Haare ausgiebig spülen konnte.

Als ich mich vierzig Minuten später mit Andy wieder traf, strahlten wir beide vor Sauberkeit. Andy hatte allerdings ebenso mit der Tücke der Dusche kämpfen müssen. Bei ihm im Duschraum funktionierte zwar das Licht, aber dafür kam kein Wasser aus der Duschdüse. Er behalf sich mit einem Eimer, den er am Wasserhahn füllen und sich dann überkippen konnte.

Im Eingangsbereich des Pfarrhauses warteten schon einige Patenkinder auf mich. Ich führte die Interviews mit ihnen, um zu erfahren, wie es ihnen derzeit geht, ob sie in der Schule vorankommen, wie sie sich entwickeln etc. Jeder Pate bekommt nach meiner Rückkehr aus Togo einen Bericht über meine Begegnung mit „seinem" Patenkind. Eifrig machte Andy die entsprechenden Notizen. Die Kinder selbst waren recht schüchtern, und es bedurfte einiger Anstrengungen, sie zum Reden zu bringen. Oft sind ihre Französischkenntnisse noch zu gering, um eine echte Unterhaltung zu führen. Aber auch die Eltern können nicht immer ausreichend Französisch. Père Sylvestre ließ sich daher überreden, uns als Dolmetscher zu helfen. Schließlich war er ja auch für die Betreuung und Überwachung der Patenschaft während des ganzen Jahres zuständig. So konnten wir gleich gemeinsam abstimmen, bei welchen Krankheitssymptomen er weitere Maßnahmen ergreifen und bei welchen Kindern er für einen Nachhilfelehrer sorgen sollte bzw. in welchen Fällen noch zusätzliche Hilfen von den Pateneltern erbeten werden müssten. Père Sylvestre erläuterte alle Fälle freundlich lächelnd, gab Ratschläge, machte Vorschläge und versprach, sich um alle aufgeworfenen Fragen zu kümmern und mir bald per E-Mail zu schreiben.

Über eine Stunde Zeit war mit den Patenkindergesprächen vergangen. Aus der Küche rumorte und duftete es schon vielversprechend. Kaplan Jean-Paul erschien freudestrahlend: „Haben Sie Hunger?" Der Tisch im Speisezimmer war bereits gedeckt, und kaum hatten wir die letzten Patenkinder verabschiedet, erschien Familie F. und wurde von den beiden Pfarrern überschwänglich begrüßt. Herr F. stellte sich als ehemaliger Banker der Dresdner Bank vor. Er hatte schon vor Jahren bei einem Aufenthalt in Bassar seine Frau kennen gelernt, hatte also eine echte „Bassari" geheiratet, und hatte lange Jahre mit ihr in Deutschland gelebt. Zur Heimatstadt seiner Frau hatte er natürlich immer Kontakt gehalten und viel Hilfe in verschiedenen Projekten in Bassar geleistet, auch für

Wissenswertes! Der Baobab!

Der Baobab, auch Affenbrotbaum genannt, ist der Symbolbaum schlechthin für Afrika. Der gedrungene, dicke Stamm und das bizarre Zweiggeflecht, das nur während der Regenzeit Blätter trägt, sehen aus, als wenn der Baum verkehrt herum in die Erde gerammt worden wäre und sein Wurzelwerk gen Himmel streckte. Sein charakteristisches Aussehen macht ihn als Wegbeschreibungsmerkmal besonders geeignet. In manchen Regionen, z.B. im Tambermatal, wird der Baum sogar als heiliger Platz verehrt. Die Früchte dieses Baumes sind rund oder eiförmig und erreichen eine Größe von bis zu 40 cm. Das süßliche Fruchtfleisch wird von Pavianen sehr gerne gefressen, daher der Name Affenbrotbaum, aber auch Elefanten und Antilopen verschmähen die Früchte nicht. Sie sind auch für den Menschen essbar. Meist werden sie allerdings mehr für traditionelle Medizinzubereitungen verwendet.

sich selbst und seine Familie ein Haus gebaut, wohl das einzige Haus mit Swimmingpool in der ganzen Region. Vor kurzem war er in Ruhestand gegangen und daher mit seiner Frau und seiner sechzehnjährigen Tochter wieder nach Bassar zurückgekehrt. Nun lebt er also hier, die ganze Familie fühlt sich wohl, und auf das Abendessen mit uns im Pfarrhaus hatten sie sich schon sehr gefreut.

Gesprächsstoff hatten wir sofort genug. Wir tauschten uns über die Projektaktivitäten aus und bestätigten uns gegenseitig die Schwierigkeiten im Hafen bei der Entzollung von Hilfsgütercontainern. Das Umzugsgut von Familie F. aus Deutschland war erst vor wenigen Wochen endlich angekommen.

Dann bat uns Pfarrer Sylvestre zu Tisch. Er sprach ein Tischgebet, es wurden die Vorspeisensalate gereicht. Wie immer hielten Andy und ich uns an das gekochte Gemüse und vermieden die grünen Blattsalate, während Familie F. von allem herzhaft zugriff und über unsere Vorsicht ein wenig lächelte. Kaplan Jean-Paul eilte einstweilen mit den großen Bierflaschen um den Tisch und schenkte uns großzügig ein. Das kühle Bier schmeckte bei den trotz abendlicher Stunde noch immer heißen Temperaturen ganz vorzüglich.

Der Fisch, der uns als Hauptgericht serviert wurde, sah so appetitlich aus, dass Andy und ich auf unsere Bedenken wegen der Küstenentfernung vergaßen und herzhaft *„Das Bier ist gut, ja, ja"* zulangten. Fisch muss ja bekanntlich schwimmen, also schenkte uns Pfarrer Jean-Paul gleich unsere Gläser wieder ein, kaum hatten wir sie überhaupt geleert. „Das Bier ist gut, ja, ja", beteuerte er uns immer wieder, „Wir müssen Flasche leer machen." Und mit diesen Worten öffnete er bereits die nächste Flasche.

Unser Gespräch wurde immer munterer. Wir diskutierten über die verschiedenen Integrationshemmnisse oder -erleichterungen, die der jeweils ausländische Teil der Familie F. in Deutschland bzw. in Togo erlebt hat und erlebt. Wir philosophierten über Glaubensformen und Sinn der Entwicklungshilfe, wir vertieften uns in die unterschiedlichen Lebenserwartungen und gesellschaftlichen Entwicklungen und tauschten uns über Erfahrungen in der Arbeitswelt hier und in Europa aus – und während all dieser immer intensiver werdenden Gespräche schenkte Jean-Paul ständig Bier in unseren Gläsern nach, auch wenn wir gerade erst einen Schluck daraus getrunken hatten. Vergeblich versuchten wir ihn daran zu hindern, schon wieder neue Flaschen zu öffnen. Er strahlte uns nur an und wiederholte: „Wir müssen Flasche leer machen!"

Unsere Runde wurde immer lustiger, unsere gemischt französisch-deutschen Gespräche immer lockerer, vom förmlichen Sie waren wir ganz automatisch ins freundschaftliche Du übergegangen. „Ihr müsst uns morgen besuchen," beschwor uns unser neuer Freund Herr F. „Ja,ja, unbedingt, ihr müsst morgen erst noch bei uns vorbei schauen, bevor ihr weiter fahrt", stimmten auch Frau und Tochter ein. Eigentlich sollten wir am nächsten Morgen noch den katholischen Kindergarten besuchen und hatten dann noch eine weite Wegstrecke vor uns. Ich versuchte mich mit der Ausrede zu retten, wir würden niemals den Weg zu ihnen finden, und erzählte ausführlich unsere Irrfahrt, bevor wir ins Pfarrhaus gefunden hatten. Gleichzeitig versuchte ich, mein Glas vor weiterem Einschenken durch Jean-Paul zuzuhalten.

Beide Versuche waren vergeblich. Jean-Paul entriss mir lachend mein Glas „wir müssen Flasche leer machen", der ganze Tisch bog sich vor Lachen, und Herr F. fing an, uns detailliert den Weg vom Pfarrhaus zu seiner eigenen Adresse zu erklären. Wir müssten nur der Straße bis zur ersten Biegung folgen, wir würden doch sicher das Geschäft Sowieso kennen, dort müssten wir noch drei Straßen weiter, dann uns irgendwie links halten, beim einzigen weißen Gebäude in dieser Straße, da wohne übrigens ein sehr guter Handwerker, ... Andy und ich sahen uns nur ratlos an und waren uns einig: das würden wir sicher nie finden. Alles lachte und die Erklärungen gingen von vorne los, kommentiert von Pfarrer Sylvestre, während Jean-Paul unvermindert um den Tisch lief und uns nachschenkte, denn noch immer müssten wir „Flasche leer machen". Herr F. versuchte es gerade mit der Beschreibung von mehreren Häusern, an denen wir uns ganz sicher orientieren könnten, als seine Tochter ihn unterbrach:" Papa, sag Ihnen doch einfach: beim Baobab rechts runter!"

Wie von der Tarantel gestochen sprang Andy begeistert auf und rief: „Mama, das ist er!" Ich starrte ihn etwas konsterniert an, denn diese Erklärung war für mich keineswegs so erhellend, dass ich den Begeisterungsanfall meines Sohnes hätte verstehen können. „Aber hey! Beim Baobab rechts runter – das trifft es doch, das ist genial, das ist er!" wiederholte Andy. Ich verstand immer noch nicht. „Wer ist was, was ist er?" fragte ich fast schon ein wenig unwirsch. Andy strahlte mich nur an: „Mensch, Mama, das ist er – der Titel für deinen Togo-Geschichtenband."

Und so war an einem sehr feuchtfröhlichen Abend in Bassar der Titel für mein ganz persönliches Togo-Buch entstanden.

Übrigens haben wir am nächsten Morgen tatsächlich noch den Kindergarten besucht und anschließend, bevor es nach Sokode weiter ging, einen Abstecher zum Haus von Familie F. gemacht. Dank der Wegbeschreibung „beim Baobab rechts runter" war es ganz einfach. Der Baobab, auch Affenbrotbaum genannt, ist ein sehr typischer Baum für Togo, allerdings mehr in der Savanne zu finden. Aber auch mitten in Bassar steht eines dieser beeindruckenden, knorrigen Gebilde mit einem dicken, rumpfartigen Stamm, aus dem die Äste wirr wie Wurzeln in alle Richtungen weg stehen, als hätte ein Riese den Baum aus der Erde gerissen und verkehrt herum wieder hinein gerammt. Wir fuhren beim Baobab rechts runter und besuchten Familie F. Es war nur Herr F. zu Hause, da die Tochter in einem Restaurant als Bedienung arbeitete und die Mutter gerade Einkäufe erledigte. Die Villa liegt an einem Hanggrundstück. Der Swimmingpool besteht aus zwei kleinen runden Plastikschwimmbädern, die versetzt zusammengefügt sind und sich gekonnt in das Hanggrundstück schmiegen, bescheiden, aber ausreichend zum Schwimmen. Ebenso wirkt das Haus eher bescheiden, verfügt aber durch die Hanglage über kühle Kellerräume, für Togo eher eine Seltenheit. Der Hausherr führte uns bereitwillig durch die hellen und freundlichen Zimmer, auch wenn überall noch die unausgepackten Umzugskisten herumstanden, da der Container eben erst vor wenigen Tagen angekommen war. „Beim nächsten Mal wird alles aufgeräumt sein, dann müsst ihr uns wieder besuchen," versicherte uns Herr F., und wir versprachen es gerne, denn jetzt wissen wir ja den Weg: „Beim Baobab rechts runter."

Unterwegs zum Village Christian

Die Sonne brannte unbarmherzig vom stahlblauen Himmel. Es herrschten 45° C im Schatten, denn wir hatten uns ausgerechnet den frühen Nachmittag ausgesucht, um das Village Christian ganz im Norden Togos zu besuchen. Es handelt sich um eines der Dörfer, die bei einer der immer häufiger auftretenden Überschwemmungskatastrophen fast völlig zerstört worden war. Dank eines großzügigen Spenders mit dem Vornamen Christian konnten die Lehmhütten wieder aufgebaut werden und deshalb bekam das Dorf den zusätzlichen Namen „Village Christian". Mit meinen beiden Söhnen hatte ich mich auf den Weg gemacht, um nachzuschauen, ob das Spendengeld tatsächlich für den vorgesehenen Wiederaufbau verwendet worden war.

In vollem Tempo ratterte unser togoischer Begleiter Georges Moutore mit dem zuständigen Pfarrer vor uns her und hüllte die Piste in eine gewaltige Staubwolke. Wir versuchten, das Tempo zu halten und dennoch in gehörigem Abstand zu folgen, was angesichts der Unebenheiten der Piste eine fahrerische Herausforderung an meinen Sohn Flo und einen Durchhaltetest für meine Knochen darstellte. Angesichts der Hitze hatten wir alle Fenster sperrangelweit offen. Der Fahrtwind, der uns entgegen blies, hatte die Hitze eines auf Höchststufe laufenden Haarföhns. Alle 5 Minuten griffen wir nach der Wasserflasche. Fast zwei Stunden ratterten wir so durch die strohtrockene, fast baumlose Savanne der nördlichsten Diözese Togos. Die ebenfalls durch die Regenkatastrophe zerstörten Brücken zwangen uns zu waghalsigen Fahrmanövern durch ein zerfurchtes

Flussbett ohne Wasser, auch die Piste selbst ähnelte oft mehr einem ausgetrockneten Wasserlauf denn einer Fahrstraße.

Endlich wurden schemenhaft in der Ferne im flimmernden Dunst ein paar Rundhütten sichtbar. Wir steuerten den einzigen Baum weit und breit an, um in dem winzigen Schattenkegel unser Fahrzeug abzustellen. Georges Moutore strahlte uns an: „Wir sind da!" und wies mit ausholender Geste auf die verstreut gruppierten Rundhüttenensembles hin, während ich mit schmerzenden Knochen aus unserem Auto kletterte und aus staubverklebten Augen hinüber blinzelte.

Der erste Kral lag etwa 300 Meter entfernt. Einige Kinder drückten sich bereits verschämt vor dem Eingang aneinander, versuchten, sich eines hinter dem anderen zu verstecken, kicherten und waren doch zu neugierig, um wieder ganz zu verschwinden.

Georges Moutore und der Pfarrer schritten uns bereits voraus. Mir erschienen die dreihundert Meter Entfernung als eine in der Hitze schier unüberwindbare Distanz. Doch was blieb mir übrig? Seufzend schob ich meinen inzwischen legendären Tropenhut, der mich schon vor zahlreichen Sonnenstichen bewahrt hat, auf den Kopf und folgte, langsam Schritt vor Schritt setzend. Zu meinem Erstaunen fand Andy immerhin noch die Kraft, seine Filmkamera mitzunehmen und laufen zu lassen. Obwohl wir uns sehr afrikanisch langsam bewegten, brach mir der Schweiß in Strömen am ganzen Körper aus, während sich gleichzeitig wieder unbändiger Durst meldete.

Doch schon waren wir von neugierigen Kindern umringt, die verstohlen unsere weiße Haut zu berühren versuchten. Ob die wohl abfärbte? Höflich klatschten wir vor dem Eingangstor in die Hände, um nach afrikanischer Sitte unsere Anwesenheit zu signalisieren, obwohl wir natürlich längst bemerkt worden waren. Ein junger Mann begrüßte uns denn auch sehr freundlich und bat uns in den Innenhof, um den sich 5 kleine Rundhütten gruppierten. Deutlich konnten wir an der Farbe erkennen, dass 2 der Lehmhütten noch alte Restmauern hatten, während alle anderen Hütten ganz neu errichtet waren. Nach und nach tauchten immer mehr Bewohner aus den verschiedenen Winkeln und Ecken auf, bis wir schließlich von über 20 Personen umringt waren. Georges Moutore stellte uns und den Grund unseres Besuches vor. Sofort herrschte große Freude und Aufregung, die Frauen sausten herum, um schnell noch ein wenig aufzuräumen und um uns,

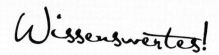

Die Savanne in Togo!

Der Norden Togos ist von Savannenlandschaft geprägt. Es gibt nur eine einzige Regenzeit, die von Mai bis Oktober dauert. Im Gegensatz zum Süden, wo es dank der zwei Regenzeiten auch zwei Ernten im Jahr gibt, müssen die Menschen im Norden von den Vorräten der einzigen Ernte im Jahr leben. Die Klimaveränderungen, die auch in Togo zu verzeichnen sind, haben bei diesen sowieso kargen Versorgungsmöglichkeiten stets dramatische Auswirkungen. Immer wieder sind Dürreperioden zu überstehen.

Die Savanne ist geprägt von weiten Graslandschaften mit vereinzelt stehenden Busch- und Baumgruppen. In der Trockenzeit trocknen Bäche und Flussläufe sehr oft ganz aus. Die Landschaft wird zum Teil wüstenähnlich. Die Wasserversorgung wird für viele Savannenbewohner zum echten Überlebenskampf. Es gibt noch immer viele Dörfer und Weiler, die nicht einmal über einen Brunnen verfügen. Die Frauen graben im Sand der Flüsse nach Wasser und müssen sich oft wochenlang mit der so gewonnenen schmutzigen Brühe begnügen. Der mangelnde Zugang zu sauberem Trinkwasser, Hauptursache für die hohe Säuglings- und Kindersterblichkeitsrate, ist daher eines der vorrangig zu lösenden Probleme.

Werden Sie Brunnenstifter.
www.aktionpit.de

wie es die Gastfreundschaft gebietet, einen Schluck Wasser anzubieten. Ich starrte auf die dargebotene Kalebasse mit klarem Wasser, denn am liebsten hätte ich die Flüssigkeit sofort in mich hineingeschüttet. Stattdessen stotterte ich eine Höflichkeitsfloskel, mit der ich dieses für europäische Mägen ungenießbare Wasser ablehnte.

Mit leicht verschämtem Stolz zeigten uns die Besitzer dann ihre neu erbauten Hütten. Wir mussten uns bücken, um durch den schmalen Einlass in die sauber ausgekehrte erste Behausung einzutreten. Andy hatte seine Kamera laufen und hielt meinen erstaunten Gesichtsausdruck in Großaufnahme fest, denn im Inneren der strohgedeckten Lehmhütte herrschte überraschend angenehm kühle Temperatur. Der Lehm war mit ein wenig Zement vermischt worden, wie uns das Familienoberhaupt, ein würdevoll drein blickender alter Herr, erklärte, wodurch das Haus wesentlich haltbarer sei, dennoch aber die gute Temperierung der Lehmbauweise beibehält. Wir konnten es am eigenen Leibe spüren. Die Hütten der Frauen sind innen noch durch eine Mauer unterteilt, sodass Schlaf- und Wohn-/Kochbereich voneinander getrennt werden.

Zurück im Hof waren wir wieder der unbarmherzigen Hitze der Sonne ausgesetzt. Vor einer der Frauenhütten war ein Sims gemauert worden, auf dem die Frauen Getrei-

dekörner mit einem großen flachen Stein zu feinem Mehl zerrieben. Lachend forderten sie mich auf, es auch auszuprobieren. Natürlich versuchte ich mich an dieser für die Togoerinnen so alltäglichen Arbeit. Doch bei mir sprangen die Körner nach allen Seiten, anstatt zu feinem Mehl zu zerfallen, und ich löste bei den umstehenden Kindern unbändiges Gelächter und bei mir selbst neuerliche Schweißausbrüche aus. Da ich vorher das angebotene Wasser ausgeschlagen hatte, wagte ich es nicht, nach der eigenen Wasserflasche zu greifen, obwohl mir die Zunge inzwischen am Gaumen zu kleben schien.

Die Großfamilie begleitete uns nun wieder ins Freie. Unter einem ausladenden Mangobaum waren in einem lockeren Rund Holzbänke aufgestellt. Die Dorfältesten nahmen gemächlich auf flachen Schemeln fast am Erdboden Platz, wir selbst durften uns auf die wenigen Stühle mit Lehne setzen. Es war selbst mir, die ich sonst immer ganz quirlig und in Eile bin, angenehm, in aller Ruhe abzuwarten, bis sich nach und nach alle Bewohner eingefunden hatten. Erst dann ergriff der Dorfälteste das Wort, um in blumigen Worten den Dank für diese große Hilfe zum Ausdruck zu bringen. Er schilderte die verheerenden Auswirkungen des Unwetters, das sie mitten in der Nacht überrascht hatte, und löste bei allen Zuhörern Riesengelächter aus, als er erzählte, wie seine Schlafhütte zusammengebrochen war und er deshalb bei seiner Frau Unterschlupf suchte, die seine Annäherung jedoch zunächst missverstand und ihn abweisen wollte. Erst als auch noch andere Familienmitglieder nachdrängten, begriff sie, dass ihre Hütte die einzige war, deren Dach unversehrt geblieben war.

Als die Heiterkeit wieder abgeebbt war, entschuldigte sich das Familienoberhaupt, denn das mindeste Dankgeschenk, was man uns hätte machen wollen, wäre eine

Ziege oder ein Perlhuhn gewesen. Doch da die letzte Ernte ausgefallen war, weil der Regen die Felder zerstört hatte, hatte inzwischen der gesamte bescheidene Haustierbestand verkauft werden müssen, damit die Familie überleben kann. Das einzige, was sie noch besaßen, waren Zwiebeln aus ihrem Eigenanbau. Nach einem entsprechenden Wink brachte uns ein Junge eine ganze Schüssel voll Zwiebeln. Es widerstrebte mir innerlich, diese letzten Vorräte anzunehmen, und doch wusste ich genau, dass ich dieses Geschenk nicht ablehnen durfte, wollte ich diese einfachen Bauern nicht zutiefst enttäuschen. Vorsichtig wog ich eine der bläulichen Zwiebeln in der Hand, roch demonstrativ an ihr, um zu zeigen, wie sehr ich das Geschenk zu schätzen wusste, um mich schließlich herzlich für das Geschenk zu bedanken.

Eigentlich hätten wir noch alle 20 Lehmhüttengruppen, aus denen das Village Christian besteht, noch besichtigen sollen. Doch vor Durst und Hitze drohte mein Kreislauf zu streiken. Also lehnten wir nach dem zweiten Hausbesuch weitere Besichtigungen höflich, aber bestimmt ab, um in Begleitung vieler inzwischen zutraulich gewordener Kinder zu unserem Auto zurückzukehren. Als wir ihnen zum Abschied noch ein paar Bälle überließen, war ihre Freude unbeschreiblich. Kreischend und laut jubelnd stoben sie davon, während wir erneut der Staubwolke des Autos von Georges Moutore folgten und endlich unseren Gaumen mit dem lauwarmen Wasser unserer mitgebrachten Flaschen laben konnten.

Einige der Zwiebeln aus dem Christian-Dorf habe ich sogar mit nach Hause gebracht. Wenn ich eine davon zum Zubereiten einer Speise in die Hand nahm, wog ich sie in der Hand und roch daran wie in Togo und war mir bewusst, dass ich noch nie so wertvolle Zwiebeln zum Kochen verwendet hatte.

Ein Krankenhaus für Ogaro

Der Besuch von Patenkindern, deren Zahl beständig anwuchs, nahm von einem Jahr zum nächsten immer mehr Zeit bei meinen Reisen in Anspruch und bedeutete für die Mitreisenden relativ lange Wartezeiten. Also beschloss ich einmal, die Reisegruppe allein einen Abstecher zum Nationalpark im benachbarten Benin machen zu lassen, um dort Tiere zu beobachten, während ich in Togo bleiben wollte, um die vorgesehenen Patenkinderbesuche zu absolvieren. Gesagt, getan: in Kanté, ziemlich weit im Norden holte mich Georges Moutore, der Geschäftsführer des OCDI (= Caritas in Togo) von Dapaong ab, während unser Reisebus mit der ganzen Reisegruppe in Richtung Benin weiter fuhr. Zwei Tage später sollte sie in Dapaong wieder zu mir stoßen. Ich schärfte unserem sehr versierten und zuverlässigen Busfahrer noch ein, gut auf die Reisenden aufzupassen und sie pünktlich nach Togo zurück zu bringen, ernannte eine Dame mit guten Französischkenntnissen zur stellvertretenden Reiseleiterin und winkte dann dem davon schaukelnden Gefährt hinterher.

Das erste Patenkind konnte ich gleich in dem Städtchen Kanté treffen, ein Junge aus einer armen Bauernfamilie eines entlegenen Dorfes, der dank der Patenschaftshilfe hier ein Gymnasium besuchen konnte. Er bestand unbedingt darauf, dass ich den Direktor seiner Schule kennen lerne müsse, der große Stücke auf den begabten Jungen hielt. Da wir keinen Zeitdruck hatten, ließ ich mich überreden. Zu unserer gegenseitigen großen Überraschung stellten der Schuldirektor und ich fest, dass wir uns bereits kannten, denn er hatte früher eine andere Schule geleitet, für die ich eine deutsche Schul-partnerschaft gestiftet hatte. Wie es in Togo üblich ist, lud mich der Direktor sofort zu sich in sein Haus ein, platzierte mich im Hof und bot mir ein Glas Wasser an. Angeregt ins Gespräch vertieft, nahm ich das Wasserglas, stutzte jedoch im letzten Moment und fragte vorsichtshalber nach, ob es denn gefiltertes Wasser sei. Der Direktor bestätig-te mir dies, und ich trank in großen Zügen das erfrischende Begrüßungsgetränk. Das Wiedererkennen zog natürlich ausführliche Erzählungen nach sich, was der jeweilige Ge-sprächspartner seit unserer letzten Begegnung erlebt hatte. Erst gegen Abend konnten wir unsere Fahrt nach Dapaong fortsetzen, wo ich im Hotel „Campement" untergebracht war. Georges Moutore kündigte mir an, er werde mich am nächsten Morgen schon sehr früh um 6 Uhr abholen, damit wir in den etwas kühleren Morgenstunden die Fahrt in die Savanne hinaus zurücklegen könnten. Auf dem Weg würde ich die Patenkinder in ihrer häuslichen Umgebung kennen lernen. Mittags würden wir dann in einer der am weitesten entfernt liegenden Missionsstationen beim dortigen Pfarrer verpflegt werden. Ich freute mich bereits auf diesen Ausflug.

Doch die Nacht im Hotel gestaltete sich leider gar nicht geruhsam. Im Gegenteil wachte ich auf, weil mir vom Magen her unendlich übel war. Das stickige Zimmer kam mir unerträglich vor, keine Menschenseele war mit mir im Hotel, die ich hätte um Hilfe bitten können. Ich schleppte mich zur Toilette im Gang, fand aber auch dort keine Erleichterung. Schließlich wühlte ich in meiner Reiseapotheke und schluckte ein paar Tabletten gegen Übelkeit, in der Hoffnung, bis sechs Uhr morgens wieder einsatzfähig zu sein. Doch die Besserung wollte sich nicht wirklich einstellen. Pünktlich um 6 Uhr stand Georges Moutore ab-fahrtbereit vor dem Hotel, ich fühlte mich je-doch noch immer elend. Also schluckte ich nochmals Tabletten und bat Herrn Moutore, mir noch 2 Stunden Zeit zu lassen. Während ich mich schlaflos auf meinem Lager herum wälzte, grübelte ich verzweifelt, woher diese Übelkeit herrühren konnte. Und plötzlich erschien vor meinem inneren Auge das angebotene Glas Wasser des Schuldirektors in Kanté, seine eher beiläufige Bejahung, dass das Wasser gefiltert sei – wahrscheinlich war es wieder einmal nur die togoische Höflichkeit gewesen, die es nicht zulässt, einem Gast etwas Negatives zu sagen. Außerdem war er sich sicher auch der Bedeutung meiner Frage für mich nicht bewusst gewesen war. Ich war mir nun also ziemlich sicher, woher diese Übelkeitsattacke kam, aber das besserte meinen Zustand noch nicht wesentlich. Immerhin schienen die Tabletten allmählich zu wirken, und als Herr Moutore pünktlich um 8 Uhr wieder vor der Tür stand, beschloss ich, den Ausflug doch zu wagen. Wenn ich abgelenkt wurde, würde ich es schon schaffen. Außerdem warteten die Patenkinder und schließlich auch der Pfarrer mit seinem Essen auf uns. Ich wollte sie nicht enttäuschen.

Ich kletterte also neben Georges Moutore, der mich sehr besorgt musterte, in den Wagen, und wir verließen die Stadt Dapaong, um hinaus in die trockenheiße Savanne zu fahren. Die Hitze erschien mir trotz offener Fenster unerträglich. Ich japste nach Luft. Die Straße verdiente kaum diesen Namen, sie ähnelte eher einem ausgespülten Flussbett, über das sich der Wagen mühsam voranquälte. Das Schaukeln von einer Seite auf die andere wirkte sich keinesfalls vorteilhaft auf meinen gereizten Magen aus. Mir schien die Fahrt Stunden zu dauern, obwohl es dann doch nur 50 Minuten waren, bis wir das erste Gehöft erreichten, wo wir schon erwartet wurden.

Ein kleiner Junge raste los, als er unseres Fahrzeugs ansichtig wurde. Sofort wurden zwei primitiv gehobelte Bänke aus der Lehmhütte geschleppt und unter einem großen, schattenspendenden Affenbrotbaum platziert. Dankbar ließ ich mich dort nieder. Den üblichen Willkommenstrunk Wasser lehnte ich jedoch strikt ab. Ich versuchte, mich auf das Gespräch zu konzentrieren. Keiner in der Familie konnte Französisch, nur der kleine Yembate, also das Patenkind, besuchte die Grundschule und konnte ein paar wenige Brocken der offiziellen Amtssprache. Georges Moutore übersetzte geduldig, sodass ich von den Sorgen der Bauern über den ausbleibenden Regen erfuhr und von den Schwierigkeiten, die kranke Mutter behandeln zu lassen, die ein offenes Geschwür am Bein hatte. Yembate zeigte uns stolz sein Schulzeugnis, das ihn als viertbesten Schüler seiner Klasse mit 88 Schülern auswies. So sehr ich mich über den Erfolg des kleinen Jungen freute, ich fühlte mich zunehmend wieder unwohler und wollte am liebsten wieder weiter fahren.

Georges Moutore entschuldigte also unser abruptes Aufbrechen, und wir schaukelten über die unwegsame Piste wieder weiter. Ich hielt meinen Kopf in den Fahrtwind, um etwas Erleichterung in meinem Befinden zu erreichen, bis wir den nächsten Hof erreichten und diesmal einem kleinen Patenmädchen begegneten. Die Sonne stach unerbittlich vom Himmel. Trotz Schattenplatz unter einem weiteren großen Baum schwitzte ich aus allen Poren. Wäre ein Thermometer vorhanden gewesen, es wäre sicher auf 40 Grad oder mehr gestiegen. Mein Magen revoltierte erneut und ich konnte mich kaum noch aufrecht halten. Vergeblich versuchte ich, die Zähne zusammen zu beißen, mir war einfach nur noch schlecht.

Georges Moutore erkannte meinen Zustand und schlug vor, nach Dapaong zurück zu fahren. Aber die Vorstellung, erneut fast eineinhalb Stunden lang auf dieser Schaukelpiste fahren zu müssen, erschien mir unerträglich. „Gibt es nichts Näheres, wo wir hinfahren können?" fragte ich kläglich. Georges Moutore überlegte. Nur zögerlich nannte er mir eine Schwesternstation in dem kleinen Dorf Ogaro, das nur 20 Minuten entfernt liege, denn wir würden uns noch weiter von der rettenden medizinischen Hilfe, die nur in Dapaong zu finden sei, entfernen. Ich fühlte mich inzwischen so sterbenselend, dass ich eigentlich nur noch einen Platz wollte, wo ich mich hinlegen könnte. Also erklärte ich so energisch, als es mir noch möglich war, dass ich zu den Schwestern nach Ogaro wolle. „Sind Sie ganz sicher?" fragte er mich besorgt, aber statt einer Antwort krümmte ich mich unter den Schmerzen meiner Magenkrämpfe. Ich hing mehr am offenen Fenster, als dass ich auf meinem Sitz saß, während Georges Moutore versuchte, so behutsam wie möglich über die Schlaglöcher und Felsbrocken der Piste zu steuern.

Die zwanzig Minuten dehnten sich, aber nach einer halben Stunde wankte ich endlich aus dem Auto und wurde von zwei sehr besorgten Schwestern in Empfang genommen. Die Oberin räumte sofort ihr eigenes Zimmer für mich und überließ mir das einzige verfügbare Bett, auf dem ich schwer atmend darnieder lag. Ich fühlte mich so elend, als ob ich sterben müsste, und machte mir Sorgen um meine Gruppe, die nicht einmal ahnte, wo ich mich in diesem Augenblick befand. In meinem Zustand fragte ich mich allen Ernstes, ob und wie sie überhaupt von meinem Tod erfahren würde. Ich haderte mit meinem Schicksal, das mir nach all meinem Einsatz zur Verbesserung der medizinischen Betreuung für die Menschen in Togo nun selbst einen solch überflüssigen, elenden Tod bescherte.

Ich fühlte mich so elend, als ob ich sterben müsste!

Offensichtlich regten mich diese Gedanken so sehr auf, dass ich nur noch schleunigst die Toilette erreichen und mich übergeben konnte. Als mein Magen alles Giftige von sich gegeben hatte, fühlte ich mich zwar erschöpft, aber deutlich besser. Ich stellte mich unter die Dusche und ließ das kühle Nass an mir herunter rieseln. Tatsächlich erfrischte es mich und brachte meinen darniederliegenden Kreislauf wieder ein wenig in Schwung. Die Erleichterung, als ich endlich wieder auftauchte, spiegelte sich in den Gesichtern von Georges Moutore und der Schwestern. Die Welt, die ich schon verlassen zu müssen glaubte, erschien mir wieder in einem freundlicheren Licht. Dennoch verzichtete ich auf das weitere Programm des Tages, sondern wollte lieber nach Dapaong zurück kehren. Die Schwestern drückten mir immer wieder ihr Bedauern über die unguten Umstände meines Besuches aus, und ich musste ihnen versprechen, unbedingt wieder zu kommen, und das nächste Mal würde es mir sicher sehr viel besser gehen und dann auch besser in Ogaro gefallen. Ich antwortete, dass ich erst wieder kommen würde, wenn es hier eine Krankenstation geben würde. Die Schwestern lachten verlegen, ich kletterte in den Wagen, und unendlich vorsichtig und behutsam brachte Georges Moutore mich zurück nach Dapaong.

Am nächsten Tag fühlte ich mich schon wieder richtig fit, und als meine Gruppe eintraf, wollte mir niemand glauben, dass ich mich in Ogaro quasi schon zum Sterben nieder gelassen hatte.

Mein Abschiedssatz bei den Schwestern, den ich so leichtfertig dahin gesagt hatte, um zu erklären, dass ich sicher nicht wieder kommen würde, hatte Folgen. Nach einem halben Jahr schickten mir die Schwestern einen Kostenvoranschlag für den Bau eines kleinen Krankenhauses in Ogaro. Angesichts meiner eignen Erfahrungen mit fehlender medizinischer Behandlungsmöglichkeit in Ogaro, so argumentierten sie in ihrem Begleitschreiben, müsse ich doch bereit sein, ein solches Vorhaben zu unterstützen. Mir fiel tatsächlich kein richtiges Gegenargument ein. Also machte ich mich auf die Suche nach einer Finanzierungsmöglichkeit für das gewünschte Krankenhaus.

Wieder einmal half mir der Zufall. Ich hatte schon ein paar Jahre vor dieser Reise die Gattin des Konsuls für Ruanda in München kennen gelernt. In den Jahren des Völkermordes in Ruanda konnten sie die Hilfsprojekte in diesem Land nicht mehr unterstützen. Daher hatte sich das Ehepaar entschieden, ihre Spenden für Projekte in Togo zur Verfügung zu stellen. Frau Handwerk setzte dieses Engagement auch fort, als ihr Mann kurz darauf verstarb. Als ich ihr von der geplanten Krankenstation in Ogaro erzählte, gefiel ihr der Plan, denn damit wollte sie auch ihrem Mann ein kleines Denkmal setzen, indem das Krankenhaus nach ihm benannt werden sollte.

Wie freute ich mich, als ich die gute Nachricht nach Togo vermelden konnte. Ebenso begeistert kam die Antwort und kündigte mir an, dass – wieder so ein Zufall – der Baumeister, der den Bau durchführen sollte, ein Flüchtling aus Ruanda war. Frau Handwerk freute sich natürlich über dieses ruandisch-togoische Zusammenwirken, und das Projekt wurde hoffnungsvoll begonnen. Mitten im Bau verunglückte unser ruandischer Baumeister bei einem Autounfall tödlich, der Bau wurde unterbrochen, und es gab eine lange Auseinandersetzung mit den Erben. Frau Handwerk glaubte ihr Geld schon verloren. Doch Georges Moutore blieb in Dapaong am Ball und insistierte immer wieder auf der Beendigung des Baus. Über ein Jahr mussten wir warten, bis die Erbschaftsangelegenheiten geregelt waren. Dann aber bekamen wir unser Geld zurück und konnten das Krankenhaus nach den Plänen des Verunglückten mit einem neuen Bauleiter fertig stellen. Ende gut, alles gut.

Die offizielle Einweihung der Krankenstation wurde so gelegt, dass ich wieder mit einer Reisegruppe anwesend sein konnte. Leider konnte die betagte Frau Handwerk nicht persönlich mitkommen, aber sie hatte uns ein großes gerahmtes Bild ihres Mannes auf die Reise mit gegeben. Bischof Jacques Anyilunda persönlich hielt unter freiem Himmel und unter Beteiligung der Bevölkerung aus dem gesamten Umkreis einen würdevollen

Dankgottesdienst. Anschließend wurden wir zum offiziellen Eröffnungsakt zu einem Festplatz neben dem Krankenhaus geführt. Unter einem Schatten spendenden Blätterdach waren viele Reihen Plastikstühle aufgestellt, und wir bekamen natürlich Ehrenplätze in der ersten Reihe. Dann begann eine endlose Abfolge von Reden: der Bürgermeister, die Schwesternkongregation, der Bauleiter, ein Vertreter des Gesundheitsministeriums aus Lomé, der Leiter der örtlichen Gesundheitsbehörden, der Präsident des hiesigen Rotary-Clubs – ich staunte nicht schlecht, wie viele Leute und Organisationen sich am Bau dieses Krankenhauses beteiligt hatten, davon hatte ich vorher gar nichts bemerkt.

Da die Reden jeweils in Moba, der Einheimischensprache, und auf Französisch gehalten wurden (auf die Übersetzung ins Deutsche für meine Reisegruppe hatte ich schnell verzichtet), dauerte dieser Redemarathon über eine Stunde. Am Schluss sollte ich noch dran kommen. Natürlich hatte ich mir ein Redekonzept vorbereitet und wollte über die Bedeutung medizinischer Angebote in ländlichen Regionen referieren. Aber angesichts des Publikums, das in der Hitze nur noch schläfrig in den Stühlen hing, verzichtete ich auf meinen Vortrag. Stattdessen erzählte ich von meiner ersten Begegnung mit Ogaro und meinen damaligen Gesundheitsproblemen, und wie geschickt die Schwestern die Gelegenheit anschließend genutzt hatten. Das Publikum musste lachen, und die Veranstaltung fand auf diese Weise einen heiteren Ausklang. Erleichtert stürzten wir uns alle auf die angebotenen Erfrischungsgetränke, alle aus Flaschen, also ungefährlich für meinen Magen.

Das Krankenhaus fand sofort großen Zulauf bei der Bevölkerung. Es wurde seitdem Schritt für Schritt weiter ausgebaut und mit geschultem Personal ausgestattet. Die Schwesternkongregation hat den Unterhalt übernommen, während wir immer wieder bei neuen investiven Maßnahmen oder bei der Ausstattung mit Betten und Arzneimitteln helfen. So gibt es inzwischen auch eine Entbindungsabteilung und ein Zentrum für unter- und falsch ernährte Kinder. Das Norbert-Handwerk-Krankenhaus macht seinem Namensgeber alle Ehre.

Wissenswertes!

Felsformationen bei Ogaro, unter dem größten Felsen sind steinzeitliche Zeichnungen zu sehen.

En Mémoire de Notre Très Cher et Regretté

Rev. Frère Raphaël Yao OGNIBO
Endormi dans le Seigneur le 20 Avril 2008
à l'âge de 43 ans

In Memoriam
† Frère Raphael

Mit einer Gruppe Schüler einen Aufenthalt in Togo zu organisieren, ist planerisch gar nicht so einfach. Wie viele Kleinbusse braucht man, um 20 Leute + Begleitpersonen samt Reisegepäck zu transportieren? Wo gibt es ausreichende Übernachtungsmöglichkeiten? Wo kann so eine große Gruppe verpflegt werden?

Auch für den Direktor der Partnerschule, Frère Jean-Philippe, bedeutete das eine große, durchaus nicht alltägliche Herausforderung. Dabei ist er schon mehr als ausgelastet, um seine große Schule zu leiten. Zum Glück stand ihm Frère Raphael zur Seite, um den Empfang der deutschen Schülergruppe zu planen und vorzubereiten und schließlich auch in vielen Details zu überwachen. Was im Hintergrund alles bedacht werden musste, konnten wir bei der herzlichen Begrüßung kaum richtig registrieren. Zu sehr waren wir von der Atmosphäre der Empfangszeremonien gefangen, genossen wir die freundlichen Gesten, als wir mit einheimischer Kleidung ausgestattet wurden, uns der traditionelle Dorfchef mit seinem gesamten Hofstaat begrüßte, der Priester mit seinen Gebeten einen glücklichen Verlauf unseres Aufenthaltes beschwor, jeder Gast von einem Schüler an der Hand genommen und zu den weiteren Programmpunkten geführt wurde, Lieder gesungen, Begrüßungsreden gehalten, Erfrischungen gereicht wurden ... – alles klappte wie am Schnürchen. Ein ganzes Komitee aus Mitgliedern des Collège St. Albert und der Brüdergemeinschaft Sacre-Coeur hatte dieses und das gesamte weitere Programm für uns ausgearbeitet, wie ich später vom Schulleiter Frère Jean-Philippe erfuhr, darunter als besondere Stütze auch Frère Raphael.

Umso bestürzter waren wir, als wir im Verlauf unserer Reise ins Landesinnere erfahren mussten, dass Frère Raphael einen schweren Autounfall und schwerste Verletzungen davon getragen hatte. Als wir nach einer erlebnisreichen und intensiven Rundreise durch Togo in die Hauptstadt Lomé zurückgekehrt waren, führte uns unser erster Weg, nachdem wir die Schüler im Haus der Brüder Sacre Coeur abgesetzt hatten, ins Militärkrankenhaus, das in einem Seitenflügel der Universitätsklinik untergebracht ist. Ich kannte das Krankenhaus, nicht aber diese Abteilung, und hoffte inständig, dass das Militär über eine bessere Ausstattung verfügen möge als das übrige Haus. Während ich mit schwankenden Gefühlen hinter Frère Jean-Philippe durch Gänge und Treppenhäuser lief, konnte ich in Krankensäle blicken, oft ohne Licht, nicht nur mit Betten überbelegt, sondern auch noch überfüllt mit Verwandten und Besuchern, da die Patienten von ihnen mit Essen und meist auch mit Pflege versorgt werden müssen. Aus den offenen Türen drang ein intensives Geruchsgemisch nach Putzmittel, Essensresten, Schweiß, Urin ... ich versuchte, einfach nicht tief einzuatmen.

Endlich erreichten wir im zweiten Stock die etwas ruhigeren Einzelzimmer und traten ans Bett von Frère Raphael. Da lag er, unbeweglich durch ein Metallgestell stabilisiert, mit gebrochenen Gliedern und Gesichtsverletzungen, aber ansprechbar. Über die Schwere der inneren Verletzungen gab es, obwohl der Verletzte schon vor Tagen eingeliefert worden war, nur Vermutungen. Eine Röntgenaufnahme oder Computertomographie konnte nicht durchgeführt werden. Mir fehlten die Worte, was sollte ich angesichts der fehlenden Behandlungsmöglichkeiten Tröstliches sagen? Ich stellte mir vor, welch intensive Maschinerie bei uns in Deutschland ganz selbstverständlich sofort in Gang gesetzt worden wäre, um das Leben dieses Mannes zu retten. Frère Raphael jedoch jammerte nicht, im Gegenteil, er sorgte sich mehr um uns und wollte wissen, ob denn unser Aufenthalt gut klappe, ob alles für uns vorbereitet gewesen sei, ob wir genug zu essen hätten ... Es trieb mir Tränen der Beschämung in die Augen, als er sich noch entschuldigen wollte, weil er sich nicht selbst um unser Wohlbefinden habe kümmern können. Der Mann konnte sich nicht bewegen, er litt große Schmerzen, er hatte kaum Perspektiven, ob und wie sein Leben weitergehen würde, und doch galt seine ganze Sorge nur uns, den weißen Besuchern. Ich fing an zu reden, versuchte ihn, und wohl auch mich selbst, mit allen möglichen Argumenten, die mir nur einfallen wollten, zu überzeugen, dass alles gut werden würde, dass er sicher wieder gesund werden würde, dass sein Mitdenken mit uns ein gutes, ein hoffnungsvolles Zeichen sei, dass er die Kraft haben würde, alles zu überstehen ...

Wenige Tage nach unserer Rückkehr nach Deutschland erhielt ich die Mitteilung von Frère Jean-Philippe, dass Frère Rapahel seinen schweren Verletzungen erlegen war. Es fiel mir schwer, diese Nachricht zu akzeptieren, meine Gefühle schwankten zwischen Wut über die fehlende medizinische Versorgung in Togo, Trauer über diesen viel zu frühen Tod, Ärger über meine fehlenden Hilfsmöglichkeiten, Respekt vor dem Mönch, dessen letzte Wünsche für unsere gesunde Rückkehr nach Deutschland noch in meinen Ohren klangen.

Ich möchte Frère Raphael durch diesen Bericht einfach noch ein letztes kleines Denkmal setzen. Möge die Erde ihm leicht sein! Er ruhe in Frieden.

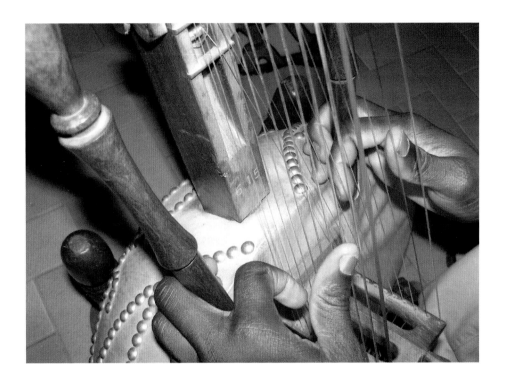

Das verlorene Handy

Es war ein wunderbarer Ausflug. Wir hatten uns am Straßenabzweig einen der wartenden Jungs als Führer engagiert, den Preis ausgehandelt, und waren dann unter seiner Leitung frohen Mutes in den durch ein reichlich verwittertes Sperrschild strengstens untersagten kleinen Weg eingebogen und durch üppig in die Piste hinein wucherndes Gestrüpp noch ca. 3 km bergauf gefahren. Plötzlich lichtete sich das Gebüsch und wir parkten vor der Wasserversorgungsanlage für die Stadt Kpalimé, die aus einem vom Berg herabstürzenden Bach gespeist wird. Der Verwalter erschien mit grimmiger Miene und wir erwarteten eine Standpauke, weil wir verbotener Weise diesen Weg befahren hatten. Doch erheiterte sich seine Miene sofort, als wir ihn baten, gegen ein kleines Trinkgeld unser Auto zu bewachen. Unser Führer Martin, eigentlich noch Schüler an der Sekundarschule, schulterte bereitwillig meinen Rucksack, meine beiden Söhne bewaffneten sich mit Fotoapparat und Filmkamera, und dann stiegen wir einen schmalen Pfad durch abgeholzte Plantagen und felsige Kletterpassagen weiter nach oben. Faszinierende Fauna umgab uns, wild blühende Orchideen zwischen Bananenstauden, bunte Schmetterlinge, die durch üppiges Elefantengras gaukelten, Kakaobüsche und vereinzelte Kaffeesträucher. Den Grillen gelang es problemlos, das Rauschen des uns begleitenden Baches noch zu übertönen. Die vielen Fotomotive boten mir willkommene Gelegenheiten, kleine Pausen bei der schweißtreibenden „Bergsteigerei" einzulegen. Schließlich schlängelte sich der Steig um eine mit dichtem Laubwerk ausgestatteten Baumgruppe und der Blick öffnete sich auf eine Felswand, über die der Bach sich als Fontäne in einen kleinen See, in Bayern sagt man Gumpen dazu, herabstürzt.

Natürlich konnten wir nicht widerstehen und kletterten zunächst vorsichtig über einige aus dem Wasser herausragende Felsen, bis wir schließlich doch bis zur Hüfte mitten in dem erfrischenden klaren Bergwasser standen und uns schließlich sogar unter der Fontäne eine Gratis-Dusche holten. Wir genossen es in vollen Zügen, dieses idyllische Fleckchen Erde ganz für uns allein zu haben, alberten richtig ausgelassen herum und bespritzten uns gegenseitig, bis wir von Kopf bis Fuß nass waren. Den Rucksack mit Foto und Filmkamera behütete sorgsam unser Führer Martin. Nach einer kurzen Trocknungsphase in der warmen Sonne auf einem Felsen ließen wir uns von Martin wieder nach unten geleiten. Fürsorglich reichte er vor allem mir immer wieder die Hand, damit ich bergab mit meinen durchnässten Turnschuhen nicht abrutschte. Beim Auto mussten wir dann doch noch ein wenig palavern, weil sowohl Martin als auch der Autowächter versuchten, einen höheren Preis als ursprünglich ausgehandelt zu erbetteln. Schließlich aber war auch der Zahlungsvorgang abgeschlossen und wir traten hochzufrieden den Rückweg nach Kaplimé an, wo wir in der „Maison Royale" essen wollten, einem von einer Österreicherin geführten Hotel, die mit einem togoischen Dorfkönig verheiratet ist; daher nennt sich das ein wenig kitschig eingerichtete Etablissement „Königshaus". Während wir auf das Essen warteten, wollte ich die Zeit für ein paar Telefonge-

Wissenswertes!

Kommunikation in Togo!

Bei meiner allerersten Reise nach Togo konnte ich während des gesamten Aufenthaltes im Landesinneren nicht ein einziges Mal nach Europa telefonieren. Meine Familie blieb also ohne jede Nachricht von der im afrikanischen Busch verschwundenen Mama. Telefonieren war damals nur über Vermittlung im Hotel in der Hauptstadt Lomé möglich, war sehr teuer, die Verbindung schlecht und oft unterbrochen. Das Zeitalter des Festnetzes ist in Togo wie wohl in ganz Afrika einfach übersprungen worden. Es funktionierte nie richtig. Seit es die Handynetze gibt, hat sich dies radikal verändert und dadurch haben sich die Kontaktmöglichkeiten der Menschen untereinander stark verbessert.

Bei unseren ersten Reisen mussten wir unsere Reiseplanung Monate vorher schon ankündigen und dennoch war es eher dem Zufall überlassen, ob unsere Ankunft rechtzeitig angekündigt und bekannt geworden war. Heute gibt es nur noch wenige Zonen in Togo, die nicht per Telefonnetz erschlossen sind. Die Anbieter Moov und Togocel konkurrieren heftig um die zahlreiche Telefonkundschaft. Wurde früher der Festnetzanschluss einfach gesperrt, wenn die Rechnungen nicht bezahlt wurden, so werden heute die Prepaid-Handys solange genutzt, wie das Guthaben eben reicht, aber man bleibt zumindest erreichbar und kann angerufen werden.

Die Kommunikation und die Zuverlässigkeit von Terminvereinbarungen haben sich dadurch sehr verbessert.

Es lohnt sich, sich für einen Togoaufenthalt eine Togo-Simkarte für sein Handy zuzulegen und kann dann zu togoischen Preisen im Land telefonieren. Auch die Anrufe nach Hause werden so deutlich billiger, und meine Familie ist inzwischen stets auf dem Laufenden, wo ich mich in Togo gerade aufhalte.

Ebenso revolutionär wirkt sich die Erschließung des Internetzugangs aus,auch wenn dieser noch einer kleinen Oberschicht vorbehalten und bei weitem nicht den Standard europäischer Schnelligkeit aufweist. Mit Hilfe des Telefonnetzes und entsprechender technischer Ausstattung kann man nun auch in Togo fast überall online sein.

Die Ländervorwahl für Togo lautet: 00228-

spräche nutzen. Doch mein Handy war nicht an der üblichen Stelle in der Außentasche meines Rucksacks. Ganz kurz blitzte der Gedanke durch meinen Kopf, unser Führer Martin könnte es entwendet haben. Aber nein, das war ein viel zu netter Junge, außerdem war mir in den 20 Jahren, seit ich durch Togo reiste, noch nie etwas gestohlen worden. Sicher hatte ich das Handy im Hotel liegen gelassen. Also aßen wir erst mal in Ruhe unser

Mittagessen, plauderten dann noch einige Zeit mit der österreichischen Hausherrin, bevor ich im Hotel nach meinem Handy nachschauen konnte. Doch – wider aller Erwartung – das Handy lag auch nicht im Hotel.

Was nun? Ein bisschen verblüfft musste ich mir eingestehen, dass ich Martin gegenüber wohl ein wenig zu vertrauensselig gewesen war und das Handy natürlich verlockend greifbar für ihn in die Außentasche meines Rucksacks gesteckt hatte. Der Ausflug zum Wasserfall war jedoch so schön gewesen, dass mir nicht einmal der Handyverlust die Laune richtig verderben konnte. Vielmehr heckte ich mit meinen Söhnen einen Plan aus. Wir wollten zurückfahren und Martin scheinbar für einen weiteren Ausflug engagieren und damit in unser Auto locken. Erst dann, wenn er uns nicht mehr entwischen könnte, würden wir ihn mit dem vermuteten Handy-Diebstahl konfrontieren. Geplant – getan, wir ruckelten erneut über die Schlaglochpiste bis zum Straßenabzweig (schon zum 3. Mal an diesem Tag), wo hoffnungsvolle Jungs sich sofort wieder als Führer anboten, aber leider nicht mehr unser Martin. Als wir nach ihm fragten, berichteten uns seine „Kollegen", er sei nach Kpalimé gefahren. „Aha", dachte ich mir, „der verscherbelt dort gerade mein Handy auf dem Markt." Dennoch, die Enttäuschung konnte unsere gute Laune nicht trüben. Wir schärften scheinheilig den Jungen ein, sie sollten Martin ausrichten, er möge zu uns ins Hotel kommen, weil wir ihn für einen weiteren Ausflug engagieren möchten, ohne natürlich daran zu glauben, dass er so dumm sein würde, dies zu tun. Dann passierten wir die Schlaglochpiste zum vierten Mal zurück nach Kpalimé. Die Schüttelei im Auto wirbelte offensichtlich auch meine Gedanken im Kopf tüchtig durcheinander. Jedenfalls kam mir plötzlich die Idee, eine Diebstahlsmeldung bei der Polizei zu erstatten. Vielleicht bekäme ich dann ja das Handy von der Reisegepäckversicherung erstattet. Aufmerksam suchten wir rechts und links nach einem Hinweisschild zur Polizeistation. Zurück im Zentrum fragten wir schließlich an der Tankstelle und wurden genau denselben Weg wieder zurückgewiesen. Doch, doch, ganz sicher sei an dieser Straße auf der rechten Seite die Polizei. Wir kurvten also zum 5. Mal über die Schlaglöcher, die Florian als Chauffeur inzwischen schon ganz gut kannte, äugten angestrengt nach rechts – aber Fehlanzeige. Nach mehrmaligem Fragen am Straßenrand und Auf- und Abfahrens dieser Straße entdeckten wir schließlich ein am Boden liegendes geborstenes Holzschild, auf dem mit Mühe noch die Aufschrift „Poste de police" zu entziffern und ein Pfeil in die abzweigende Straße nach rechts zu erkennen war. Immerhin, „rechts" stimmte ja und wir folgten hoffnungsvoll der Richtung. Nach weiterem Fragen und Rechtsabbiegen stießen wir tatsächlich auf ein Gebäude mit der Aufschrift Polizei und fuhren begeistert und schwungvoll in den Hof. Dort standen malerisch verteilt 3 Polizisten in schmucker Uniform und mit fettglänzenden Springerstiefeln tatenlos und mit gelangweilter Miene herum. Mürrisch beobachteten sie die weißen Touristen, die da aus dem Auto kletterten und ihre bequeme Ruhe sicherlich wegen Unerheblichkeiten stören würden. Ich versuchte es mit Freundlichkeit und schilderte mein Anliegen mit blumigen Anspielungen auf die Fähigkeiten der hiesigen Polizei, was jedoch keinen der drei Herren zu irgendeiner Reaktion, geschweige denn zu einem Zeichen der Anteilnahme oder gar der Hilfe bewegte. Ich ließ mich jedoch nicht entmutigen. Nach kurzer Rücksprache mit meinen Söhnen, die sich aus ihrer Bundeswehrzeit mit Rangabzeichen auskannten, machten wir den hoffentlich obersten der drei Polizisten aus, an den ich mich nun direkt wandte und erneut meine ganze Geschichte erzählte. Immerhin hörte er mir diesmal mit gelangweilter Aufmerksamkeit zu, musterte mich am Ende meines Palavers herablassend von oben bis unten, um mir schließlich zu erläutern, mein Missgeschick sei ja sehr bedauerlich, aber da könne er gar nichts machen, das könne nur der Chef. Der sei aber – natürlich – gerade nicht da, müsse aber gleich kommen. Entgegen seiner beabsichtigten Wirkung entschlossen wir uns, das baldige Kommen des Chefs abzuwarten. Währenddessen verwickelten wir die Polizisten in ein Gespräch über das Wetter, die Familie, die Schönheiten Togos etc., was die Ordnungswächter allmählich als amüsante Abwechslung zu empfinden schienen und sich schließlich meine ganze Geschichte vom gestohlenen Handy ein drittes und viertes Mal erzählen ließen, um sie mit eigenen Kommentaren über die Schlechtigkeit der heutigen Jugend noch auszuschmücken.

Siehe da, über diesem munteren Geplauder erschien tatsächlich der Chef, dem seine Untergebenen ausführlich unsere Anwesenheit erläuterten und der mir dann sein geneigtes Ohr lieh, sodass ich ihm meine Geschichte, die mir nun schon recht flüssig über die Lippen kam, ein fünftes Mal erzählen konnte. Galant bedeutete er mir, dass er tatsächlich die Anzeige aufnehmen könne, allerdings nicht hier, sondern in einem anderen Gebäude der Polizei. Ich staunte nicht schlecht über die Vielzahl der „Postes de police" in Kpalimé. Einer der drei untergebenen Polizisten kletterte zu uns ins Auto, um uns den Weg zu zeigen, während der Chef die

Siehe da, über diesem munteren Geplauder erschien tatsächlich der Chef

kurze Wegstrecke um zwei weitere Straßenecken herum mit seinem eigenen Wagen bewältigte. Dort bat er uns in sein Büro, ließ sich meine Visitenkarte geben und meine Arbeit in Togo erläutern. Als er von den Hilfsaktionen für Kinder und Schulen hörte, ging ein Strahlen über sein Gesicht, und er erklärte mir hoffnungsvoll, er brauche für sein Büro dringend einen Computer, den könne ich doch sicher für ihn besorgen. „Ich werde das mal prüfen", versprach ich diplomatisch. Dann konnten wir endlich zur Tat schreiten, d. h. die Anzeige erstatten. In Ermangelung eines entsprechenden Formulars trennte der Polizei-Chef sorgfältig und unter Zuhilfenahme eines Lineals ein halbes Blatt aus einem alten Notizbuch, ich durfte meine Geschichte ein sechstes Mal erzählen, und er notierte die wichtigsten Informationen auf diesem Blatt. Schließlich versicherte er mir mit vor Überzeugung vibrierender Stimme, dass er am nächsten Morgen persönlich nach Martin und dem gestohlenen Handy fahnden werde, heute sei es schon zu spät. Ich könne danach vorbeikommen. Seine Fahndungsergebnisse seien phänomenal, sodass ich am folgenden Nachmittag das Handy sicher bei ihm abholen könne. Wenn nicht, könne ich dann die Bestätigung der Diebstahlsanzeige für meine Versicherung erhalten. Er versuchte noch, meine Handy-Nummer anzurufen, aber natürlich war das Gerät abgeschaltet.

Ein weiteres Mal tasteten wir uns über die Schlaglochstraße zurück in unser Hotel, wo wir die Erlebnisse bei einem kühlen Bier diskutierten. Eigentlich waren wir gar nicht allzu sehr verärgert über den Verlust des Handys, die neuen Erfahrungen des Tages waren viel zu interessant gewesen. Der Kredit auf dem Handy war sowieso nicht mehr sehr hoch gewesen, das Gerät selbst würde ich vielleicht von der Versicherung erstattet bekommen, warum also sollten wir uns die Freude an der Reise durch Togo verderben lassen?

Während wir das dritte EKU-Bierchen bestellten – es waren ja nur 0,3l-Fläschchen – erschien plötzlich zu unserem großen Erstaunen unser Führer Martin mit unschuldsvollem Blick und anscheinend in der Erwartung eines neuerlichen Auftrags für eine Ausflugstour mit ihm. Das fand ich nun doch ein wenig sehr dreist und ich herrschte ihn an, er solle mir sofort mein Handy zurückgeben. Martin heuchelte ungeheures Erstaunen und tischte uns eine abenteuerliche Geschichte auf, dass andere Kinder mein Handy gefunden hätten, sie ihm davon erzählt hätten, er sich gleich gedacht habe, dass es wohl meines sein müsse, das irgendwie aus meinem Rucksack gefallen sei, usw. Die Phantasie, die der Junge aufwand, um mir eine halbwegs glaubhafte Story aufzuschwätzen, nötigte mir fast schon wieder ein wenig Respekt ab. Dennoch, ich wollte nun doch endlich mein Handy zurück haben. Mit dem Versprechen, ihm bei Rückkehr das Geld für die Taxifahrt zu bezahlen, war Martin bereit, sich auf den Weg zu machen, um das Handy angeblich bei den Kindern im Dorf neben dem Wasserfall zu holen. Vorsorglich erkundigte ich mich beim Hotelpersonal, wie viel bzw. wie wenig so eine Taxifahrt wohl kosten könne. Doch schon nach zehn Minuten (der Weg war auch bei togoischer Fahrweise in dieser Zeitspanne unmöglich zu bewältigen) war Martin wieder zur Stelle und präsentierte mir mein unversehrtes, aber ausgeschaltetes Handy. Ich überprüfte die Funktionalität meines Gerätes. Weder zeigte das Display irgendwelche getätigten Anrufe an, noch unterschied sich der Kreditstand von dem meiner Erinnerung, und ich konnte wieder telefonieren bzw. angerufen werden; also drückte ich Martin das versprochene Taxigeld in die Hand und war hoch zufrieden, nach all den wenig aussichtsreichen Polizei-Aktivitäten mein gutes Handy doch wieder in Händen zu halten. Ende gut – Togo gut!

Ein Geschenk für den Prinzen

Es war Freitagabend. Mein Mann und ich waren gerade beim Aufbruch zu einer Geburtstagsfeier eines langjährigen lieben Freundes, der sich rührend um Patenschaften annahm und viele Reisen mit uns nach Togo unternommen hatte. Seit einiger Zeit konnte er aus gesundheitlichen Gründen nicht mehr nach Togo mitkommen, was ihm sehr schwer ankam, er aber letztlich doch akzeptierte, denn immerhin feierte er an diesem Tag seinen 80. Geburtstag. Als Überraschung hatten wir seine Patenkinder in Togo gefilmt, wie sie ihm zum Geburtstag gratulierten. So würden sie bei der Feier doch anwesend sein.

Vorsichtshalber kontrollierte ich nochmals meine große Tasche, ob ich nichts vergessen hatte: Laptop, Beamer, Verbindungskabel, die DVD, Kabeltrommel ...

Während ich in meiner Tasche noch herumwühlte und mein Mann schon mehrmals ungeduldig nach mir rief, klingelte das Telefon. „Ich komme gleich", rief ich meiner schon im fahrbereiten Auto wartenden besseren Hälfte zu und schnappte mir den Telefonhörer.

Durch ein Knacken und Rauschen in der Leitung hörte ich aus weiter Ferne französische Brocken – der Anruf kam anscheinend direkt aus Togo. Ich stellte meine Tasche zu Boden, klemmte den Telefonhörer so an mein Ohr, wie ich am besten zu hören vermeinte, und schrie lautstark hinein: „Allô, allô, qui est là - wer ist da?" Schließlich erkannte ich, dass es der Prinz aus Togoville war, der offensichtlich ein dringendes Anliegen an mich hatte.

Ich wollte am übernächsten Tag mit einer kleinen Gruppe nach Togo reisen und hatte beim Prinzen um eine Audienz in Togoville gebeten, wenn wir das historische Städtchen besuchen würden. Sein Vater ist König in Togoville und der direkte Nachfahre von König Mlapa I., der mit Gustav Nachtigal 1884 den Schutzvertrag mit dem deutschen Reich abgeschlossen und unterschrieben hatte, wodurch Togo zur deutschen Kolonie wurde. Da der aktuelle König schon sehr betagt und schwach war, nahm meist sein Sohn als Erbprinz die offiziellen Termine war. Wollte er mir nun absagen? Oder passte der Termin nicht und er wollte kurzfristig einen anderen mit mir vereinbaren?

Meine entsprechende Frage schien er jedoch nicht zu verstehen, ebenso wenig verstand ich zunächst, was er von mir wollte. Doch nach einigem Hin und Her begriff ich, dass ich ihm etwa mitbringen sollte. „J'ai besoin d'un shampoo", verstand ich und wunderte mich. Brauchte der Prinz ein bestimmtes Shampoo, das es nur in Deutschland gab? Ich konnte meine Frage, welche Shampoo-Marke er denn bevorzuge, noch so sehr ins Telefon brüllen, der Prinz schien mich ebenso wenig zu verstehen wie ich ihn.

Mein Mann baute sich inzwischen vor mir auf und deutete nachdrücklich auf seine Armbanduhr, sodass ich schließlich in meiner Verzweiflung dem Prinzen durch die Leitung zubrüllte, er möge mir eine E-Mail-Nachricht schicken, damit ich verstehen könne, was er eigentlich wolle. Zumindest diese

„oui, oui, j'envoie un message"

Antwort schien am anderen Ende der Leitung angekommen zu sein, denn der Prinz bestätigte: „oui, oui, j'envoie un message – ich schicke eine Nachricht." Unter den vorwurfsvollen Blicken meines Mannes legte ich auf, raffte meine große Tasche an mich und stieg endlich ins Auto. Als ich ihm den Anruf erklärte, musste auch er über den merkwürdigen Wunsch des Prinzen nach einem Shampoo lachen.

Die Geburtstagsfeier war wunderbar, die Geburtstagswünsche aus Togo per Videobotschaft rührten den Jubilar und nicht wenige seiner Gäste zu Tränen, wir wurden mit exzellentem Essen und Getränken verwöhnt, und so war es schon weit nach Mitternacht, als wir endlich nach Hause zurückkehrten.

Natürlich war ich sehr gespannt, ob denn der Prinz tatsächlich eine E-Mail-Nachricht geschickt haben würde. Ich konnte meine Neugier nicht bezähmen und musste daher noch mitten in der Nacht meinen Computer hochfahren und die Mails abrufen. Gespannt starrte ich auf den Bildschirm. Jede Menge Newsletter und Werbebotschaften erschienen und wurden von mir ungeduldig weggeklickt. Doch da - plötzlich tauchte ein absonderlich wirkender Buchstabensalat als Absender auf. Tatsächlich, der Prinz hatte es geschafft, seine Botschaft an mich abzuschicken. Neugierig überflog ich die ersten Zei-

Tourismus in Togo!

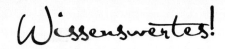

Togo ist kein klassisches Afrika-Reiseland für den Massentourismus. Für einen Individualtourismus jedoch bietet es ungeahnte Erlebnis- und Erfahrungsmöglichkeiten.
Die Deutschfreundlichkeit, die einem überall entgegen schlägt, lässt den Urlaub gerade für deutsche Touristen sehr angenehm werden. Die geografische Form und Lage Togos ermöglicht es, ganz Afrika kennen zu lernen, denn wenn man das Land einmal von Süden nach Norden kennen gelernt hat, hat man alle Klimazonen Afrikas durchquert.

Togo-Contact bietet regelmäßig interessante Themen- und Erlebnisreisen an, bei denen Sie die Menschen und ihre Lebensweise sehr intensiv kennen lernen und ins echte Schwarzafrika eintauchen können. Über die aktuellen Reisetermine und -preise können Sie sich auf der Homepage **www.togo-contact.de** informieren.

Wichtige Informationen für Togoreisende:
Reisepapiere:
Sie benötigen einen Reisepass, der mindestens noch ein Jahr gültig ist, und ein Einreisevisum, das von den togoischen Konsulaten oder von der togoischen Botschaft in Berlin ausgestellt wird.
Kosten: 30,- EUR/Person für 1 Monat, 50,- EUR/Person für 3 Monate.

Impfungen:
Gelbfieberimpfung (10 Jahre gültig) verpflichtend vorgeschrieben
Malaria-Prophylaxe möglich, nicht zwingend vorgeschrieben
Polio-, Tetanus- und Diphterie-Auffrischung (gilt 10 Jahre) überprüfen, sehr wichtig
Hepathitis-Vorsorge sehr wichtig
Cholera-Impfung möglich
Typhus-Impfung möglich

Sprechen Sie mit Ihrem Hausarzt über die Vorsorgemöglichkeiten für Ihre persönlichen Schwächen oder Krankheiten. Auch bei der Zusammenstellung Ihrer persönlichen Reiseapotheke wird er Sie beraten. Wichtig sind: Durchfallmittel, Mittel gegen Erbrechen, Insektenschutz, Schmerzmittel, Wunddesinfektionsmittel, Heftpflaster, Verbandspäckchen, Fieberthermometer.

Währung/Geldwechsel:
Die Landeswährung heißt Francs CFA (Coopération Financière en Afrique Centrale) und ist eine gemeinsame Währung für das frankophone Afrika. Sie ist in

weiter auf Seite 85!

len der formvollendete Begrüßung - die altertümlich wirkenden Formulierungen waren absolut eines hochedlen Herrn würdig - bis ich endlich zum Kern der Botschaft vorstieß. Was ich da las, löste bei mir lautstarkes Lachen und dadurch bei meinem Mann größtes Erstaunen aus. „Was ist denn los?" wollte er neugierig wissen und versuchte, da ich vor Lachen nicht antworten konnte, über meine Schulter auf den Text am Bildschirm zu schauen. „Da, da!" wies ich immer noch kichernd auf die entsprechende Stelle hin.

Mein Mann entzifferte laut: „S'il vous plaît, apportez-moi un chapeau." Nun prustete auch er los und vergewisserte sich bei mir: „Der Prinz braucht nicht ein Shampoo, sondern einen Chapeau, also einen Hut?" Ich nickte grinsend und klickte auf den Anhang, denn sicherheitshalber hatte der Prinz gleich Fotos mitgeschickt, wie der Hut aussehen solle. Es handelte sich nämlich nicht um irgendeinen Hut, sondern es musste ein Zylinder sein, den ich ihm mitbringen sollte.

Sa Majesté
Le Roi PLAKOO MLAPA 1ᵉʳ
Togoland

„Na ist doch klar!" rief mein Mann aus, als ich mich über diesen ausdrücklichen Wunsch nach einem Zylinder wunderte, „erinnerst du dich an die Fotos von König Mlapa I. in dem kleinen Museum in Togoville? Der trug bei der Unterschrift des Vertrags auch einen Zylinder!"

Und nun berieten wir, wo wir denn auf die Schnelle noch einen Zylinder herbekommen sollten. Wieder hatte mein Mann den richtigen Einfall: „Schau mal im Internet bei Faschingsartikelherstellern nach."

Tatsächlich wurden wir fündig, doch nur als Internetshops. Selbst eine Bestellung noch mitten in der Nacht würde nicht mehr rechtzeitig vor unserer Abreise geliefert werden können. Es blieb mir ja nur der folgende Tag, noch dazu ein Samstag, an dem ich eigentlich in aller Ruhe meine Koffer hatte packen wollen, um am Sonntagmorgen mit meiner Gruppe am Münchner Flughafen abzufliegen. Wie sollte ich den gewünschten Zylinder herbei zaubern?

Immer wieder versuchten wir bei Google die richtigen Suchbegriffe einzugeben, um doch noch ein Geschäft in erreichbarer Nähe ausfindig zu machen. Nach einigen Fehlversuchen hatten wir Glück und stießen auf einen Laden in der Nähe des Sendlinger Torplatzes in München, der Spaßartikel und Belustigungen für Kindergeburtstage führte. Ich notierte mir die Adresse und Telefonnummer. Endlich konnten wir ins Bett gehen.

Am nächsten Morgen nippte ich nur kurz an meiner Kaffeetasse, dann wählte ich bereits die aufnotierte Nummer. Ein weibliche Stimme meldete sich am anderen Ende.

84

Wissenswertes!

Deutschland nur schwierig und auf Bestellung bei den Banken erhältlich: 100 CFA = 0,15 EUR.
Kreditkarte ist nur selten einsetzbar. Travellerschecks können nur bei Banken eingelöst werden.
Belasten Sie sich nicht mit unnötigen Wertsachen. Fotoapparat oder Videokamera aber können Sie unbesorgt mitnehmen und sollten Sie ausgiebig benützen: Sie werden einmalige Motive festhalten. Bitte, genügend Filme oder Speicherkarten und Batterien mitnehmen. Normalerweise lassen sich die Menschen in Togo gerne fotografieren. Zeigt jemand dennoch Ablehnung, sollten Sie das respektieren.
Einsame Strand- oder Nachtspaziergänge sollten Sie meiden. In der Gruppe dagegen sind Sie völlig ungefährdet.

Hygiene:

An die Hygienebedingungen dürfen Sie keine europäischen Ansprüche stellen. Die Hotels sind sauber. Dennoch ist besondere Vorsicht beim Wasser geboten. Bitte, beim Duschen den Mund geschlossen halten, Zähneputzen nur mit Wasser aus Flaschen. Auch Getränke nur aus Flaschen trinken, auf Eiswürfel verzichten. Ein Vorrat an Erfrischungstüchlein ist sehr nützlich.
Das Essen in den besseren Restaurants ist unproblematisch (meist französische Küche, inzwischen haben aber auch Pizzerien und chinesische Restaurants Einzug gehalten). Auf grüne Salate, ungeschältes Obst und Speise-Eis sollten Sie verzichten, ebenso auf Speisen, die am Straßenrand oder am Markt angeboten werden.

Klima/Bekleidung:

Togo hat ganzjährig tropische Lufttemperaturen um 25 bis 40 Grad. In Küstennähe herrscht hohe Luftfeuchtigkeit. Die Kleidung sollte luftig, bequem und schmutzunempfindlich sein. Wichtig ist eine Kopfbedeckung gegen die pralle Sonne. Abends sind lange Hosen und langärmlige Hemden/Blusen vorteilhaft, um sich gegen Mückenstiche zu schützen.

Zeitverschiebung:

Während unserer Sommerzeit 2 Stunden, also 12 Uhr bei uns ist 10 Uhr in Togo, während der Winterzeit nur 1 Stunde.

Außerdem nützlich:

Taschenlampe, Leintuch, ein oder zwei Handtücher, Badesachen nicht vergessen.

„Führen Sie auch Zylinderhüte?" steuerte ich gleich direkt mein Ziel an. Doch wieder wurde meine Geduld auf die Probe gestellt, denn es musste erst eine Angestellte nachschauen. Nach einigen Minuten, in denen ich ungeduldig von einem Fuß auf den anderen trat, kam endlich die erlösende Antwort: „Ja, wir haben Zylinder, sogar zwei unterschiedliche Ausführungen. Sollen wir Ihnen einen zur Seite legen?" „Ich komme sofort zu Ihnen ins Geschäft!" rief ich begeistert aus und wäre am liebsten auf der Stelle los gefahren. Doch mein vernünftiger Mann suchte die Adresse zunächst am Stadtplan, stellte fest, dass es in der Umgebung des Ladens keinerlei Parkmöglichkeit gab, und schlug daher vor, um Zeit zu sparen, dass er mitfahren und in zweiter Reihe parken würde.

Gesagt, getan. Schon kurz darauf saßen wir gemeinsam im Auto auf dem Weg in die Münchner Stadtmitte. Tatsächlich fand mein Mann fast direkt vor der Ladeneingangstür eine Möglichkeit, kurz zu halten. „Beeil dich!" schärfte er mir ein, und ließ seine Blicke schweifen, um rechtzeitig eventuell patrouillierende Politessen zu bemerken, während ich mich in das verwinkelte kleine Lädchen stürzte, in dem es von Kindern und ihren Eltern wimmelte, die quietschende Sitzkissen, Lachsäcke, echt wirkende Plastikschlangen, Luftschlangen und ich weiß nicht was für sonstigen Krimskrams, von dem die Regale im ganzen Laden überquollen, ausprobierten.

Ich kämpfte mich bis zur Kasse vor und wartete ungeduldig, bis der Zahlungsvorgang einer Kundschaft endlich abgeschlossen war, um mich dann entschlossen vor die nächsten Zahlungswilligen zu drängen und unter deren vorwurfsvollen Blicken zu fragen, wo ich denn die Zylinder finden könne. Ein erkennendes Lächeln huschte über das Gesicht der jungen Frau an der Kasse: „Sie hatten vorhin angerufen, nicht wahr?" Auf mein zustimmendes Nicken hin deutete sie in ein kleines Nebenabteil. „Suchen Sie dort mal!" Hoffnungsvoll kämpfte ich mich erneut durch quengelnde Kinder und leicht überfordert wirkende Eltern und quetschte mich durch aufgetürmte Kartons in die kleine Seitenkammer. Tatsächlich, ganz oben auf einem der Regale lagen mehrere der eleganten schwarzen Hüte. Mit einigem Geschick gelang es mir, die zwei Varianten an Zylinderhüten herunter zu angeln, ohne von anderen gestapelten Kartons und Waren begraben zu werden, entschied mich für den Zylinder mit einem Gummirand innen, der auf jeder Kopfgröße einen sicheren Sitz versprach, steuerte erneut die Kasse an, bezahlte und eilte schnellstens zum Auto zurück.

„Ich hab ihn!" rief ich stolz schon von der Ladentür aus und schwenkte die voluminöse Plastiktüte, in der sich das gute Stück befand. Mein Mann riss mir die Wagentür auf, und ich rutschte gerade noch rechtzeitig auf meinen Sitz, bevor uns ein Polizist wegen des ungebührlichen Parkens verwarnen konnte.

Beglückt machte ich mich zu Hause dann ans Kofferpacken. Aber wie sollte ich den Zylinder transportieren, ohne dass er im Flugzeug verbeult würde? Selbst als Handgepäck war die Gefahr groß, dass er im Ablagefach von anderen Handgepäckstücken beschädigt werden könnte. Eine Hutschachtel, wie sie früher von Damen ganz selbstverständlich für Reisen verwendet wurden, besaß ich natürlich nicht. Wieder hatte mein Mann die rettende Idee. Er holte aus dem Keller einen kleinen, aber stabilen Plastikeimer und stülpte ihn über den Zylinder, dessen Form genau darunter passte und dadurch bestens geschützt wurde. Eimer mit Zylinder verschwand in meinem Koffer und überstand auf diese Weise den weiten Weg bis nach Togoville völlig unversehrt.

Erst fast am Ende unseres Togoaufenthaltes – wir hatten unser Programm mehrmals kurzfristig umstellen und den Prinzen von Togoville immer wieder um Aufschub unseres Empfangs bitten müssen – befand ich mich mit meiner kleinen Reisegruppe auf dem Weg nach Togoville. Ich erzählte, wie sich damals 1884 die deutschen Händler, die sich an der Küste niedergelassen hatten, von der französischen und englischen Konkurrenz immer mehr eingeengt und bedroht fühlten. Sie drängten daher die ranghohen Beamten aus dem deutschen Reich, ihre Interessen zu vertreten und zu schützen. Auf die Schnelle sollte ein Schutzvertrag mit einem der lokalen Dorfchefs geschlossen werden, um dem Vordringen der europäischen Nachbarn entgegen zu wirken. Der Arzt und Forscher Gustav Nachtigal wurde daher beauftragt, entsprechende Verhandlungen aufzunehmen, und machte sich mit einer Delegation auf den Weg zum damals am meisten geachteten König in Togoville. Sie mussten dazu mit einer Pirogue über den Togosee fahren und sich dann zu Fuß zum Palast des Königs begeben.

Auch wir wählten diesen Weg, einerseits der Tradition und des Vergnügens einer Bootsfahrt wegen, andererseits aber auch, weil die direkte Fahrt per Bus auf der Straße durch eine eingestürzte Brücke unmöglich und das Städtchen nur über einen sehr weiten Umweg erreichbar war. An der Anlegestelle  konnten wir uns die Wartezeit verkürzen, indem wir frisch aufgeschlagene Kokosnüsse kauften und die erfrischende Kokosmilch probieren konnten. Die Pirogen sind schmale, wackelige Einbaumboote, in die wir vorsichtig hinein kletterten und wo wir auf einfachen Holzbänken nach Anweisung des Bootsführers Platz nahmen, der auf ausgewogene Gewichtsverteilung achtete. Der Togosee ist eine flache Lagune, die ursprünglich durch eine Düne vom Meer getrennt gewesen war. Bis heute hat sich der stürmische Atlantik jedoch immer mehr Land von der Küste geholt und bei Aneho den Durchbruch zur Lagune geschafft, sodass sich der ursprüngliche Süßwassersee immer mehr mit dem Salzwasser aus dem Meer vermischt. Auf Grund der geringen Wassertiefe des Sees werden die Pirogen von geschickten Bootslenkern mit langen Stangen durch den See gestoßen.

Unsere Reisegruppe hatte es sich für die etwa zwanzigminütige Überfahrt auf den Bänken gemütlich gemacht. Die Fotoapparate klickten, der Phosphatzug machte uns die Freude, mit lautem Pfeifen gerade jetzt über die lange Brücke über den See zu fahren und so ein Stück deutscher Kolonialgeschichte lebendig werden zu lassen, denn es ist die einzige noch befahrbare Linie der drei Eisenbahnstrecken, die in der deutschen Kolonialzeit gebaut worden waren und bis heute die Infrastruktur Togos prägen.

Ruhig glitt unser Boot über das Wasser durch die zahlreichen ausgelegten Fischreusen und Fischernetze. Schon von weitem sahen wir die Kirche von Togoville, auf deren Vorplatz Papst Johannes Paul bei seinem Togobesuch im August 1985 eine Messe zelebriert hat. Fröhlich winkten uns die Menschen aus einer entgegenkommenden Pirogue zu, vorwiegend Frauen, die mit ihren Produkten auf dem Weg nach Aneho waren, der lebhaften Bezirksstadt, wo sie auf zahlungskräftigere Käufer als in dem abgelegenen, verschlafenen Togoville hoffen können.

Endlich näherten wir uns der Anlegestelle in Togoville. Wer in unserer Reisegruppe zum ersten Mal dabei war, wusste noch nicht, warum sich eine Menge junger Männer erwartungsvoll am Ufer eingefunden hatte. Der Prinz hatte sie geschickt, um uns auf „traditionelle" Weise beim Aussteigen behilflich zu sein. Das bedeutete, dass sie sich, kaum hatte sich unser Boot bis auf wenige Meter dem Ufer genähert, auf uns stürzten und uns aus dem Boot hoben, um uns trockenen Fußes ans Ufer zu schleppen, was natürlich zunächst mit einigem Erschrecken, dann aber mit viel Gelächter und mehr oder weniger gelungenen Fotoaufnahmen über die Bühne ging. Nach entsprechender Entlohnung unserer Träger durften wir uns einem Führer anvertrauen, der uns über einen steinigen, von einem ziemlich stark renovierungsbedürftigen Abwasserkanal begleiteten Weg bergauf führte. Zwischen den ärmlichen Hütten spielten kleine Kinder, Ziegen kreuzten unseren gemächlichen Aufstieg auf der Suche nach irgendwelchen fressbaren Essensresten oder bisher übersehenen Grashalmen. Vor einer Hütte, die sich mit einem bunten Schild als Friseursalon auswies, hockte eine junge Frau, die sich gerade Zöpfchen flechten ließ. Ansonsten herrschte jedoch große Ruhe. Kein Autogeräusch war zu hören, nicht einmal ein Stromgenerator brummte, die Menschen hatten sich wohl vor der Hitze der vom wolkenlos blauen Himmel strahlenden Sonne irgendwo in den Schatten verzogen.

Endlich waren wir an der mir wohl bekannten Treppe angekommen, die von dem primitiven Pflasterweg abzweigte und in den Hof des Königspalastes hinabführte. Dort erwartete uns bereits der Prinz, wie üblich mit blütenweißen Überwürfen gekleidet, die er seinem Rang entsprechend über die linke Schulter drapiert hatte. Auch auf dem Kopf trug er einen Turban, der aus einem kunstvoll verschlungenen weißen Tuch bestand. Sein jugendliches Aussehen unterschied ihn auf den ersten Blick von seinem Hofstaat, der sich aus würdigen, älteren Herren zusammensetzte, und strahlte dennoch absolut königliche Würde aus. Wir blieben beeindruckt stehen und ließen den Anblick dieses Empfangskomitees auf uns wirken. Unser Führer be-

deutete uns, unten an der Treppe Aufstellung zu nehmen. Höflich fragte ich, ob wir bei der nun folgenden Zeremonie fotografieren dürften, was uns durch ein huldvolles Nicken des Prinzen gewährt wurde.

Der Hohe Priester des Hofrates löste sich aus der Gruppe und machte ein paar Schritte auf uns zu. Dabei murmelte er beschwörende Gebete und rührte mit einem Stöckchen in einer mit bräunlicher Flüssigkeit, vermutlich Hirsebier, gefüllten Kalebasse. In mehrfachen Schwüngen verteilte er einen Teil der Flüssigkeit vor uns auf dem Fußboden, schlürfte einige Schlucke selbst und lud uns dann ein, näher zu treten und dabei durch die entstandene Pfütze zu gehen. Unser Führer übersetzte uns, dass der Priester die Ahnen beschworen habe und sie um einen guten Verlauf unseres Besuches und um eine glückliche Rückkehr für uns gebeten habe.

Wir folgten nun dem Prinzen und seinem Hofstaat in das Empfangsgebäude neben dem alten Königspalast. Der Palast selbst besteht nur aus einer wenig königlich wirkenden, einfachen kleinen Hütte mit einigen Ausstellungsstücken und Fotografien aus der Zeit des Vertragsabschlusses und mit dem Grab des wichtigen Königs Mlapa I. Daher hatte man daneben einen kleinen Empfangssaal gebaut, während die Königsfamilie selbst längst in einem weitaus moderneren Gebäude lebt. Wir durften uns auf die wie in einem Konzertsaal aufgestellten Stühlen setzen, während der Prinz und sein Gefolge auf einer Stuhlreihe uns gegenüber Platz nahmen. Der Prinz thronte in der Mitte, sein Hofstaat saß rechts und links von ihm. Unser Führer bedeutete uns, dass wir nun den Hofstaat zeremoniell begrüßen durften. Das bedeutete, dass wir alle wieder aufstehen und in einer Reihe an den sitzenden Gastgebern vorbeigehen und jedem einzelnen die Hand schütteln durften. Bei unserem togoischen Chauffeur konnten wir beobachten, dass er dabei als Ausdruck seiner besonderen Ehrerbietung mit der linken Hand seinen rechten Unterarm fasste und eine besonders tiefe Verneigung machte. Dann durften wir uns alle wieder hinsetzen.

Einen König darf man nie direkt ansprechen, auch er spricht nicht direkt mit einem Untertan, sondern bedient sich eines Sprechers. Unser Prinz wandte sich also zunächst in der einheimischen Sprache Ewe an seinen rechts von ihm sitzenden Berater, der uns auf Französisch übersetzte, dass uns der Prinz herzlich willkommen heiße. Artig bedankte ich mich im Namen der Gruppe auf französisch für den Empfang und die Ehre seiner persönlichen Anwesenheit, was der Berater dem Prinzen getreulich auf Ewe weitergab. So setzte sich unsere Unterhaltung fort. Den traditionellen Gepflogenheiten folgend ließ uns der Prinz nun fragen, was uns zu ihm geführt habe. Ich ließ ihn wissen, dass wir auf den Spuren unserer Vorfahren gekommen seien, um diesen traditionsreichen Ort kennen zu lernen, was vor allem für diejenigen, die zum ersten Mal nach Togo gekommen seien, sehr wichtig sei. Bei dieser Gelegenheit schlug ich gleich vor, die Mitreisenden vorstellen zu dürfen, um das mir aus früheren Besuchen schon bekannte Rituell ein wenig abzukürzen. Der Prinz schickte mir ein verschmitztes Lächeln, denn er war ein durchaus gebildeter Mann mit Hochschulstudium und verstand jedes Wort französisch, während er geduldig die Übersetzung seines Sprechers anhörte. Als wir nach der gegenseitigen Vorstellungsrunde, bei der wir die einzelnen Funktionen der Mitglieder des Hofstaates wie der juristische Berater des Königs, der Sprecher der Jungen, der Träger des Königstabes usw. kennen lernten, hinter uns gebracht hatten, erlaubte der Prinz meinen Mitreisenden auch noch, Fragen zu stellen. Bereitwillig gab er – nun gleich selbst auf französisch – Auskunft zu seiner Stellung als Hüter der Traditionen und der religiösen Ausrichtung und als Anlaufstelle zur Ausübung einer sog. kleinen Gerichtsbarkeit, wobei es vorwiegend um Ehestreitigkeiten, Erbschaftsprobleme oder Bodenbesitzansprüche im Dorf gehe. Er erzählte von seiner eigenen Ausbildung, die maßgeblich sein Vater ihm vermittelt habe. Breiten Raum nahm in seinen Ausführungen die besondere Vorbildstellung ein, die er Deutschland zumisst, weil es die Teilung des Landes überwunden habe. Er setze sich dafür ein, dass auch Togo seine Teilung überwinde. Dazu muss man wissen, dass die schwache deutsche Schutztruppe, die nie zu Verteidigungs- oder gar Kriegszwecken vorgesehen war, sondern nur zur Aufrechterhaltung der Verwaltungsordnung in der Kolonie Togo geschaffen worden war, sich 1914 den einrückenden britischen Soldaten ergeben musste. Das damalige Togoland wurde zwischen den Franzosen und den Engländern aufgeteilt und als Protektorat bis zur Unabhängigkeitserklärung 1960 geführt. Der damals englische Teil gehört daher heute zu Ghana, und nur der französische Teil ist das Landesgebiet des heutigen Staates Togo. Der Prinz träumt also von einer Wiedervereinigung dieser beiden Landesteile und sieht die gelungene Wiedervereinigung Deutschlands als ermutigendes Vorbild.

Da wir uns auf keine ausführliche Diskussion über die Möglichkeiten einer solchen Wiedervereinigung einlassen wollten, zumal es in unserem Versammlungssaal inzwischen ganz schön warm geworden war, bedankte ich mich höflich für den ehrenvollen Empfang und fragte bescheiden an, ob wir denn ein Gastgeschenk zur Erinnerung unseres Besuches übergeben dürften. Durch huldvolles Nicken zeigte uns der Prinz sein Einverständnis. Üblicherweise hatte man einem König bei einer Audienz Schnaps, mindestens eine Flasche Rum, mitzubringen. Also hatte ich natürlich eine Flasche besorgt und gemeinsam mit dem durch den Plastikeimer gut geschützten Zylinder in einer großen Plastiktüte verstaut. Nach dem huldvollen Nicken erhob ich mich nun und näherte mich in höflich geneigter Haltung dem in der Mitte thronenden Prinzen. Er blickte mich erwartungsvoll an, während ich halb an ihn, halb an meine Mitreisenden gewandt, erklärte, dass ich durch meine mehrfachen Besuche über die Traditionen und Gebräuche gut informiert sei. Ich versäumte es nicht, nochmals mit blumigen Worten und im Namen der gesamten Besuchsdelegation für den ehrenvollen Empfang zu danken. Schließlich erwähnte ich, dass natürlich nur ein hochprozentiges Geschenk würdig genug sei, um einer Hoheit wie dem Prinzen zu danken, und nestelte die Rumflasche aus meiner Plastiktüte hervor, eifrig bemüht, den weiteren Inhalt noch nicht erkennen zu lassen. Ehrerbietig übergab ich die Flasche dem Prinzen, der sie mit gnädigem Lächeln entgegen nahm und an seinen Nachbarn zur Aufbewahrung weiter reichte. Normalerweise hätte ich mich jetzt wieder zurück ziehen müssen, aber das tat ich natürlich nicht, sondern setzte eine scheinbar sorgenvolle Miene auf und erkundigte mich scheinheilig, ob ich richtig gewählt habe und ob das

"Hoheit, ist das wirklich ein angemessenes Geschenk?"

Geschenk ausreichend sei. Der Prinz wirkte irritiert über mein ungewöhnliches Verhalten, wechselte Blicke mit seinem Sprecher, wie man reagieren solle, entschied sich dann aber doch, gleich selbst zu antworten und mir mit beruhigendem Lächeln zu bestätigen, dass ich ein sehr passendes Dankgeschenk gewählt habe. Nun wäre es wirklich an der Zeit gewesen, auf meinen Platz zurück zu kehren. Doch ich insistierte und fragte erneut: „Altesse, c'est vraiment suffisant comme cadeaux? Hoheit, ist das wirklich ein angemessenes Geschenk?"

Der Prinz war nun schon fast indigniert über mein Verhalten. Erneut wechselte er Blicke mit seinen Beratern, doch plötzlich änderte sich sein Gesichtsausdruck. Man spürte richtig, wie es hinter seiner Stirn arbeitete, seine Miene sich zusehends erhellte und ihm immer mehr die Erkenntnis dämmerte, was ihn womöglich noch erwartete. Schließlich lächelte er mich verschmitzt an und erklärte diplomatisch, dass er, sollte es da noch eine Überraschung geben, gerne bereit sei, auch diese noch entgegen zu nehmen.

Vorsichtig kruschte ich in meiner Riesenplastiktüte herum, um den Zylinder ohne Plastikeimer heraus zu ziehen und mit einer theatralischen Verneigung dem Prinz zu überreichen. Ein strahlendes Leuchten überzog sein Gesicht, ja schien fast von seinem ganzen Körper Besitz zu ergreifen. Er wechselte freudige Blicke mit seinem versammelten Hofstaat, die diese mit ebenso strahlenden Gesichtern beantworteten, und plötzlich fingen alle begeistert zu klatschen an. Der Prinz fand kaum Worte, um sich zu bedanken. Immer wieder drehte er den schwarzen Hut in seinen Händen. Plötzlich stand er auf, entschuldigte sich ein wenig verlegen, dass er sich nicht in Gegenwart von Fremden umziehen könne, auch wenn es sich nur um seinen Turban handle. Dann verschwand er, um nach kurzer Zeit wieder zu erscheinen. Er hatte sich in noch eindrucksvollere weiße Gewänder gehüllt, trug in der Hand das hölzerne Zepter, Zeichen der königlichen

Würde, und auf dem Kopf den neuen Zylinder. Er stellte wirklich eine beeindruckende Erscheinung dar und erinnerte enorm in Aussehen und Haltung an seinen Vorfahr König Mlapa I., der neben ihm an der Wand von einer vergilbten Fotografie aus die Szene zu beobachten schien. Wir standen alle höflich und beeindruckt auf, durften uns mit dem zylinderbekrönten Prinzen fotografieren lassen und uns zum Abschluss der Audienz noch im alten Palais ins Besucherbuch eintragen.

Danach ließ es sich der Prinz nicht nehmen, uns in seiner neuen Staatstracht bei einem kurzen Rundgang durch das Dorf zu begleiten, wobei er darauf achtete, dass die Bewohner ihn gut sehen konnten, und geleitete uns schließlich noch persönlich bis zur Anlegestelle der Pirogen. Wir kletterten in die Boote und kehrten sehr beeindruckt und zufrieden von unserem Besuch in Togoville ans andere Ufer zurück. Dort wartete geduldig unser Bus auf uns, der uns wieder nach Lomé brachte.

Ein Vogel im Museum

Das heutige Aneho hieß früher Klein-Popo. Die Missionsschwestern zur deutschen Kolonialzeit fanden diesen Namen so anstößig, dass der Ort in Aneho umbenannt werden musste. Das hübsche kleine Städtchen am Zusammenfluss von Lagune und Atlantik weist noch einige Bauten aus der deutschen Zeit auf, z. B. die Präfektur (= Landratsamt) oder das Rathaus. Besonders interessant aber ist das kleine deutsche Kolonialmuseum. Mit vielen, leider schon recht vergilbten Reproduktionen alter Fotos und einigen Ausstellungsobjekten wie z. B. den Resten einer alten Reichsfahne erhält der Besucher einen informativen ersten Überblick über die politischen Einflüsse und die Entwicklung der jungen Kolonie Togoland, die als Musterkolonie galt. Für meine Reisegruppen ist der Besuch dieses Museums natürlich immer eingeplant.

Meistens sind wir die einzigen Besucher des Monats, sodass gar nicht sicher ist, dass das Museum überhaupt geöffnet ist. Sich vorher anzumelden ist also vorteilhaft. Doch bei einer meiner Reisegruppen war ich nicht sicher, ob das umfangreiche Programm den Abstecher ins Museum erlauben würde. Erst als unsere vorgesehenen Besuche alle wie am Schnürchen klappten, entschloss ich mich, auch noch den Abstecher nach Aneho einzuschieben. Und wir hatten Glück: als wir vor dem Museum direkt gegenüber des Landratsamtes im Schatten parkten, stand die Tür zu den Ausstellungsräumen einladend offen, und drinnen empfing uns erfreut eine junge Dame an der Kasse. Ich zahlte den Gruppen-Obolus und ließ die Mitreisenden zunächst allein die Schautafeln studieren und die Ausstellungsobjekte bewundern, da ich selbst das alles ja schon sehr gut kenne. Als aber einige Fragen aufkamen, ließ ich mich doch auf eine kleine Führung ein, obwohl ich natürlich keine Geschichtsfachfrau bin.

Während ich also einige der Fragen zu beantworten versuchte, bemerkte ich aus dem Augenwinkel heraus eine Bewegung in einer der Glasvitrinen. Zunächst vermutete ich einen Gecko, der sich dorthin verirrt haben könnte, doch die Bewegungen wurden immer heftiger und recht untypisch für die geschmeidigen Echsen. Als alle Fragen geklärt waren, wandte ich daher meine Aufmerksamkeit der fraglichen Glasvitrine zu. Aufge-

schreckt durch meine Annäherung versuchte dort ein verzweifelter Vogel, aus dem Glas-
käfig auszubrechen und flatterte hilflos immer wieder gegen die Glasscheiben. Die Ausstellungsstücke waren bereits über und über mit Vogelfedern und Kot verschmutzt, den
der Vogel in seiner Angst fallen ließ. Ich suchte nach der Öffnung, durch die der Vogel sich
hier hinein verirrt haben musste, um zu versuchen, ihn durch eben diese Öffnung hinaus
zu locken oder zu jagen. Aber ich fand nicht die kleinste Lücke und keinen noch so winzigen Spalt. Es war mir ein Rätsel, wie der Vogel überhaupt in die Vitrine geraten konnte.

Ich holte also die junge Frau an der Kasse und befragte sie, wie wohl dieser Vogel
in die Ausstellungsvitrine geraten sein könne. Sie lächelte ziemlich verlegen und gestand
dann ein, dass dem Museumspersonal so langweilig gewesen sei, weil ja kaum Besucher
kämen- und dabei wies sie mit jämmerlichem Gesichtsausdruck auf die offen stehen-
de Eingangstür, durch die eigentlich die Massen an Museumsgästen strömen sollten.
Jedenfalls um gegen die Langeweile etwas zu tun, habe man den Vogel gefangen und
dort eingesperrt, um ein bisschen Abwechslung in der Einsamkeit der besucherfreien
Museumszone zu haben.

Ich traute meinen Ohren nicht: Das arme Tier wurde einfach nur zum Spaß so
eingesperrt und gequält. Außerdem regte sich nun doch auch ein wenig Vaterlandsstolz
in mir: die Erinnerungsstücke aus der deutschen Kolonialzeit litten ja ebenfalls unter der
angsterfüllten Gegenwart dieses Vogels. Ich legte also ein Höchstmaß an Entrüstung in
meine Stimme, als ich forderte, dass dieser Vogel sofort frei zu lassen sei. Dies sei schließlich ein deutsches Museum und keine Vogelausstellung. Verlegen lächelnd stimmte mir
die junge Frau zu und erklärte, sie würde dem Mann, der den Vogel gefangen habe, Bescheid geben, er werde in fünf Minuten da sein und den Vogel frei lassen.

Natürlich handelte es sich mal wieder um eine typisch afrikanische Zeitangabe.
Nach einer Viertelstunde – wir wollten längst die Weiterfahrt antreten, worauf die Mu-
seumswärterin wohl auch gehofft hatte – war noch immer weit und breit kein Vogelret-
ter zu sehen. Eigentlich amüsierte mich die ganze Geschichte eher als dass ich wirklich
verärgert war. Aber dennoch wollte ich die Sache nicht einfach auf sich beruhen lassen.
Ich mobilisierte also nochmals so viel Entrüstung wie nur möglich und forderte die junge
Schwarze auf, endlich den Vogelquäler herbei zu schaffen, andernfalls würde ich mich
beim Präfekten beschweren – das Landratsamt lag ja gleich gegenüber. Diese Drohung
hatte durchschlagende Wirkung. Sofort erschien ein Mann in Shorts und einem Hemd
von zweifelhafter Konsistenz und gab sich als der Vogelfänger zu erkennen. Unter meiner
Aufsicht fing er geschickt das völlig verängstigt und erschöpft in einer Ecke zitternde
Vögelchen wieder ein und ließ es im Freien davon fliegen. Damit wollte sich der Täter
wieder davon machen, doch ich wies mit empörter Miene auf die Schmutzspuren in der

Wissenswertes!

Aneho

Als 1884 der Schutzvertrag zwischen Gustav Nachtigal und König Mlapa I. aus Togoville geschlossen worden war, wurde Aneho, das damals noch Klein-Popo hieß, zur Hauptstadt von Togoland. Nonnen störten sich jedoch so sehr an diesem „anstößigen" Namen, dass der Ort in Aneho umgetauft wurde. Bis 1897 nahm die Stadt wirtschaftlichen Aufschwung, danach wurde die Hauptstadt jedoch nach Lomé verlegt, und Aneho verlor an Bedeutung. Im Jahr 1905 erreichte die Eisenbahn an der sog. Küstenlinie Aneho und verhalf dem Ort wieder zu neuem Aufschwung. Inzwischen wird die Eisenbahnlinie nur noch zum Abtransport des Phosphats genutzt, das in der Nähe von Aneho abgebaut wird. Heute ist Aneho Grenzstadt mit einem lebhaft genutzten Grenzübergang in den Benin mit all seinen Vor- und Nachteilen. Seine aktuell auf ca. 50.000 geschätzten Einwohner leben vom Handel, vom Fischfang und von der Landwirtschaft. Es gibt neben dem kleinen, aber sehenswerten Kolonialmuseum (täglich vormittags und nachmittags geöffnet, vorherige telefonische Anmeldung ist trotzdem empfehlenswert, Tel. 33.31.01.29) noch zahlreiche Gebäude wie das Landratsamt

(Präfektur), das ehemalige Bezirkskrankenhaus (heute eine Grundschule), die 1895 erbaute evangelische Kirche und die 1898 eingeweihte römisch-katholische Kirche St. Pierre et Paul in der Nähe des Atlantikufers und weisen auf die deutsche Kolonialzeit hin.

Vitrine hin. Gottergeben holte der Mann also auch noch einen Lumpen, reinigte unter meiner Aufsicht die gesamte Vitrine, rückte die Ausstellungsstücke, darunter ein zum Glück ziemlich robuster Kühlbehälter der ersten Kolonisten, zurecht, befestigte die Beschriftungen wieder an der richtigen Stelle und strahlte mich schließlich zufrieden über sein Werk an. Ich entließ ihn mit einem freundlichen Lob, hinterließ bei der Kassendame eine letzte Belehrung, sie möge in Zukunft besser auf die deutschen Ausstellungsstücke aufpassen und keinen solchen Missbrauch des Museums mehr zulassen. Dann kletterte ich zufrieden mit meiner Gruppe in unseren Bus, und wir setzten unsere Fahrt unter viel Gelächter und Gesprächsstoff über den „Vogel im Museum" fort.

Lehrreicher Baumwoll-Unfall

Wie fast immer hatte unser Besuch im letzten Dorf länger als geplant gedauert und wir waren mit großer Verspätung unterwegs zum nächsten Termin. Wie ärgerlich, dass plötzlich auch noch die Straße verstopft war. Ein langer Stau hatte sich gebildet. Auch wir standen eingekeilt zwischen zwei überladenen Buschtaxis, und nichts bewegte sich mehr, weder vorwärts, noch rückwärts. Zunächst warteten wir wohlgemut, in der Hoffnung, es würde schon bald weiter gehen. Aber nichts bewegte sich. Wir stiegen aus, vertraten uns die Beine, überlegten, ob und wie wir die Partner, die auf uns warteten, informieren könnten. Doch damals gab es noch kein Handy. Schließlich beschloss ich, nach vorne zu laufen und zu ergründen, wodurch dieser Stau überhaupt hervorgerufen wurde. Ich wanderte also an der Schlange geduldig wartender Autos entlang. Normalerweise werden Pannen in Togo immer relativ rasch behoben, weil es schnell genug Helfer gibt, die anpacken und Hindernisse beseitigen. Doch je näher ich der Spitze des Staus kam, umso dichter wurde die Menge schwarzer Zuschauer, die am Straßenrand standen, aber zu meiner Verwunderung alle keinen Finger rührten. Irgendetwas stimmte da nicht.

Als ich endlich vorne ankam, entdeckte ich den Grund für das ungewöhnliche Verhalten der Menschen: Da stand nämlich ein Polizist und regelte die Lage, d.h., er bewachte den Ort, und keiner traute sich, etwas zu tun. Ein überladener LKW, der Baumwollballen geladen hatte, war verunfallt, hing halb in den Straßengraben, während der Hänger in die Straße ragte und diese zur Hälfte blockierte. Um den LKW aus dem Graben ziehen zu können, musste er erst entladen werden. Unter der Anleitung und Aufsicht des Polizisten standen also einige Männer auf der Ladefläche und warfen einen schweren Ballen nach dem anderen auf die frei gebliebene Straßenseite, sodass auch diese blockiert wurde und damit kein Auto in keiner Richtung mehr durchfahren konnte.

Da wir es eilig hatten, zu unserem nächsten Termin zu kommen, ärgerte ich mich über dieses dumme Verhalten, denn wenn die Ballen auf die straßenabseitsgerichtete Seite abgeladen worden wären, wäre die Straße einspurig noch befahrbar geblieben. Ich versuchte also mein Glück bei dem Polizisten und schlug ihm vor, die herumstehenden Leute zur Mithilfe zu motivieren und die eine Straßenseite für den Verkehr wieder frei zu machen. Der Polizist lächelte nur mitleidig über diese arme Weiße, die offensichtlich überhaupt nichts verstand. Er habe die Lage voll im Griff, erklärte er mir gnädig, aber er habe kein Geld, um die Leute zu bezahlen, und deshalb würden die auch nicht helfen. Ich wollte den Mann nicht durch Widerspruch reizen, stimmte ihm daher gegen jede innere Überzeugung zu und schlug ihm vor, selbst die Ballen von der Fahrbahn zu räumen, wenn er dann wirklich den Verkehr regeln würde, sodass immer abwechselnd Fahrzeuge von beiden Seiten passieren könnten. Das Mitleid in den Augen des Polizisten wurde grenzenlos. Abschätzig musterte er mich von oben bis unten und ich konnte ihm seine Frage schier vom Gesicht ablesen, wie wohl diese Weiße allein die schweren Baumwollballen wegheben will. Er ahnte ja nicht, dass weiter hinten ein ganzer Bus mit starken Männern auf mich wartete. Nach dem er mich abtaxiert hatte, entblößte er seine Zähne zu einem breiten Grinsen und nickte mir gnädig zu: Ja, wenn ich selber die Ballen beiseite schaffen könne, dann ließe er die Autos durchfahren.

Erleichtert eilte ich also zu unserem Bus zurück und erklärte meinen Mitreisenden die Lage. Alle waren erfreut, dass das langweilige Warten ein Ende hatte, und machten sich sofort mit mir gemeinsam wieder auf den Weg zum Unfall-Baumwolllastwagen. Zu zweit packten die kräftigen Männerarme je so einen Ballen und rollten ihn von der Fahrbahn in den Straßengraben. Die umstehenden Zuschauer pfiffen anerkennend. Doch als die jungen Leute oben auf der LKW-Ladefläche unser Tun bemerkten, warfen sie gezielt neue Ballen immer genau dahin, wo wir gerade einen weggeräumt hatten. Unser Tun erwies sich als Sisyphus-Arbeit. Ich ärgerte mich natürlich wieder über dieses Verhalten und brüllte auf Französisch nach oben, ob dies die Art und Weise sei, wie sie ihren deutschen Freunden helfen wollten. Die Reaktion war verblüffend. Als die Männer hörten, dass wir Deutsche seien, sprangen sie vom LKW herab und halfen uns auf die Schnelle, die Fahrbahn frei zu bekommen. Da ich vorher mit dem Polizisten französisch gesprochen hatte, hatten sie uns für Franzosen gehalten. Der Polizist staunte nicht schlecht, wie schnell sich der Stau nun auflöste, als er abwechselnd von rechts und von links ein paar

Wissenswertes!

Der Baumwollanbau ist eine wichtige Einnahmequelle für die Bauern in Togo, vor allem auch in der wasserarmen Savannenregion. Allerdings sind die Transportwege im Landesinneren sehr schlecht ausgebaut. Die LKW's müssen die Ernte über schwierige Pisten transportieren. Immer wieder kommt es zu großen Verlusten, wenn so ein Transporter umfällt und die lose oder in Säcken verpackte Rohbaumwolle von der Ladefläche fällt oder abgeladen werden muss, um das Fahrzeug wieder flott zu bekommen. Die Vermarktung der Baumwolle erfolgt über eine staatliche Gesellschaft, sodass die Bauern oft sehr lange auf ihr Geld warten müssen oder auch gar nicht mehr bekommen. Der Baumwollanbau ist daher stark zurückgegangen. Erste Versuche, eine Baumwollverarbeitungsfabrik aufzubauen, sind ebenfalls gescheitert, sodass keinerlei Wertschöpfung im Land stattfindet. Gerade in diesem Bereich liegt noch sehr viel Entwicklungspotential in Togo.

Wagen passieren ließ. Als wir an der Reihe waren, an ihm vorbei gewunken zu werden, salutierte er anerkennend und winkte uns freundlich zu.

Ich aber hatte gelernt, dass die Franzosen tatsächlich bei den Menschen in Togo nicht sehr beliebt sind, die Deutschfreundlichkeit hingegen nicht nur beschworen wird, sondern Realität ist.

Nächtliche Begegnung mit der Sister

Ich befand mich mit meiner Reisegruppe auf der Rückfahrt vom Norden, wir hatten also den anstrengendsten Teil unserer Reise schon hinter uns. Einigermaßen erschöpft hockten wir in unserem Bus und freuten uns auf die Übernachtung im schön am Berghang oben gelegenen Roc-Hotel in Atakpamé, auch wenn wir erst spät in der Nacht dort ankommen würden. Die Zimmer hatten wir ja fest reserviert, als wir auf dem Hinweg in Richtung Norden dort schon Station gemacht hatten.

Tatsächlich war es fast Mitternacht, als wir den steilen Anfahrtsberg zum Roc-Hotel hinauf fuhren. Alle freuten wir uns auf ein kühles Bier und ein schönes, klimatisiertes Hotelzimmer. Doch kein Bediensteter erwartete uns in der Eingangshalle, an der Rezeption saß eine verschlafene Gestalt, die mich verständnislos anstarrte, als ich nach unseren Zimmern fragte. Nein, bedeutete er mir, das könne nicht sein, dass wir Zimmer reserviert hätten, alles sei belegt, weil die Sotoco, die togoische Baumwollgesellschaft, ihre Jahresversammlung in Atakpamé abhalte und alle Zimmer belegt hätte. Ich traute meinen Ohren nicht, in der Reisegruppe machte sich Unmut breit, die Stimmung war durch die Übermüdung der Reiseteilnehmer nahe daran, zu eskalieren.

Ich bemühte mich also erst einmal, die Wogen zu glätten, indem ich den Küchenchef holen ließ, der auch bereitwillig die Küche aufschloss und aus dem Eisschrank kühle Getränke servierte. Während die kühlen Bierchen ihre beruhigende Wirkung entfalteten, ließ ich mir den Hotelchef herbei klingeln, der sehr verlegen war, weil er in der Tat trotz unserer Reservierung die Zimmer an die Baumwollgesellschaft vergeben hatte. Anscheinend hatte er gehofft, dass wir nicht nur mit großer Verspätung, sondern gar nicht mehr kämen. Was war nun zu tun? Der Hotelchef versprach mir, die Gruppe weiterhin mit kühlen Getränken versorgen zu lassen, während ich mich mit unserem Fahrer Kossi auf den Weg machte, um eine andere Unterkunft ausfindig zu machen. Doch jedes Hotel, das

Hier ist alles ausgebucht – die Sotoco.

wir anfuhren, war ebenso belegt. Ich fragte bei Absteigen nach, denen ich mich unter normalen Umständen nicht einmal genähert hätte, aber überall dieselbe Auskunft: Hier ist alles ausgebucht – die Sotoco. Ich war verzweifelt. Wo sollte ich mit meiner Gruppe diese Nacht bleiben? Wenn ich ohne Nachtquartier ins Roc-Hotel zurückkehrte, würde die Stimmung sicher gleich wieder auf den Nullpunkt sinken.

Schließlich erinnerte ich mich an meine vielen guten Kontakte zu den togoischen Bischöfen. Den Bischof aus Atakpamé kannte ich zwar noch nicht. Aber ich wusste keinen anderen Ausweg mehr: Der Bischof musste mir helfen. Ich bat also Kossi, zum Bischofssitz zu fahren. Er blickte mich ein wenig erstaunt an, folgte aber schließlich meiner Bitte. Das ganze Haus war stockdunkel, alles fest verschlossen, nicht einmal ein Nachtwächter irgendwo zu sehen. Es war ja auch schon weit nach Mitternacht, alles schlief hier tief und fest. Alles Klingeln und Klopfen an der Eingangstür half nichts. Nichts und niemand regte sich.

Hilflos sah ich mich um. Was konnte ich tun? Plötzlich bemerkte ich einen schwachen Lichtschein, offensichtlich eine Taschenlampe, die an einigen Fenstern entlang im ersten Stock aufblinkte. Ich bückte mich rasch nach ein paar Steinchen und versuchte, eines der Fenster zu treffen. Nach einigen Fehlversuchen gelang es mir sogar. Abrupt erlosch das Licht. Offensichtlich war das Steinchen gehört worden. Ich starrte gespannt nach oben. Würde jemand nachschauen? Tatsächlich öffnete sich eines der Fenster und ein schwarzer Kopf spähte nach unten. „Hallo, hallo", versuchte ich mich bemerkbar zu machen. Mutig geworden erschienen nun ein zweiter und ein dritter Kopf im Fenster. Es handelte sich um drei junge Seminaristen, die großes Verständnis für meine Notlage zeigten, die mir aber mit großem Bedauern und heftigem Kopfschütteln bedeuteten, dass sie mir leider auch nicht helfen könnten. Aber im anderen Seitenflügel gäbe es Schwestern, wenn überhaupt, dann könnten nur die mir zu einer Übernachtungsmöglichkeit verhelfen.

Wissenswertes!

Die Evêché in Atakpamé!

Togo hat insgesamt 7 Diözesen, eine davon ist Atakpamé mit einer großen modernen Kathedrale, daneben der Bischofssitz. Den Erzbischof Mgr. Philippe Kpodzro, inzwischen ist er emeritiert, lernte ich in Lomé kennen. Doch ursprünglich war er Bischof in Atakpamé. Kpodzro galt als Intimfeind des Staats-Chefs Eyadéma. Als er in Atakpamé zum Bischof geweiht werden sollte, wollte das der Staatspräsident unbedingt verhindern und schickte das Militär aus, um die Kathedrale schon frühmorgens vor der feierlichen Zeremonie besetzen zu lassen. Die Bischofsgemeinschaft hatte aber rechtzeitig davon Wind bekommen und hatte in einer Nacht- und Nebelaktion die gesamte Bischofsweihe nach Lomé verlegt. Während in den Nachrichten bereits verkündet wurde, dass die Bischofsweihe vereitelt worden sein, wurde Mgr. Kpodzro würdig und ehrenvoll in Lomé geweiht und nur wenige Stunden später musste das Dementi ebenfalls in den Nachrichten verbreitet werden. Eyadema soll wütend gewesen sein und schwor, dass Philippe Kpodzro niemals seine Diözese betreten werde. In der Tat hat der Bischof seine Diözese über mehrere Jahre quasi vom „Exil" der benachbarten Erzdiözese Lomé aus leiten müssen. Später spielte Mgr. Kpodzro eine wichtige Rolle, als Togo sich auf den Weg zur Demokratie begab. Es wurde Anfang der 90er Jahre ein Hoher Rat aus bedeutenden Personen der Zivilgesellschaft gebildet, die eine neue Verfassung für das Land erarbeiten sollten. Da von allen Seiten als vertrauenswürdig anerkannt, wurde Erzbischof Philippe Kpodzro zum Vorsitzenden dieses Hohen Rates gewählt.

Leider musste der Hohe Rat seine Arbeit auf Grund politischer und militärischer Einflussnahme einstellen und der Demokratisierungsprozess kam für viele Jahre zum Erliegen. Mgr. Kpodzro erfreut sich jedoch nach wie vor größter Beliebtheit bei der gesamten Bevölkerung, egal welcher Glaubensrichtung die Menschen angehören.

Ich winkte den jungen Männern dankbar für diesen Rat zu und wandte mich mit Kossi in Richtung des Westflügels. Auch hier herrschte natürlich wieder völlige Finsternis. Doch diesmal ergriff Kossi die Initiative. Er warf ebenfalls gezielt einige Steinchen gegen die schwarzen Fensterhöhlen und rief immer wieder nach oben. „Sister! Sister!" Ich wunderte mich zwar, dass er in einem französisch-sprachigen Land das englische Wort für Schwester verwendete. Aber bevor ich ihn nach dem Grund fragen konnte, öffnete sich tatsächlich eines der Fenster und eine verschlafene „Sister" schaute heraus, die sich auf die Schnelle ihr Nonnenhäubchen reichlich schief auf den Kopf geschoben hatte. Recht ungnädig ließ sie sich den Grund unserer Ruhestörung erklären, kam aber dann doch zu uns herunter, um sich unsere Notsituation anzuhören. Schließlich meinte sie, dass sie uns helfen könne, es gäbe ein paar ganz neu gebaute Bungalows, aber sie könne die Betten nicht mehr beziehen. Egal – ich war überglücklich. Bettlaken hatten wir sowieso sicherheitshalber immer dabei. Hauptsache wir hatten Betten, in denen wir die Nacht verbringen konnten.

Am liebsten hätte ich die „Sister" umarmt. Endlich eine Lösung für unser Schlafproblem! Ich freute mich schon, mit dieser guten Nachricht zur Gruppe zurück zu kehren, und strahlte die „Sister" begeistert an. Doch die Miene der Schwester blieb verschlossen und sie erklärte mir, dass es diese Bungalows zwar gebe, aber sie dürfe die Bezahlung nicht entgegen nehmen. Deshalb könne sie uns die Schlüssel für die Zimmer nicht aushändigen. Ich lächelte freundlich und fragte, bei wem denn die Bezahlung zu erfolgen habe. Ich erfuhr, dass dafür Pfarrer Hugues zuständig sei, der aber jetzt nicht geweckt werden dürfe. Hoch und heilig versprach ich, am nächsten Morgen sofort die Rechnung bei Pfarrer Hugues zu begleichen. Doch die Sister lehnte den Vorschlag ab, weil Pfarrer Hugues das Ordinariat sehr früh verlassen müsse. Verzweifelt versprach ich, zu jeder gewünschten Uhrzeit aufzustehen und die Rechnung zu bezahlen. Aber die Sister schüttelte nur ablehnend den Kopf. Ich konnte es nicht fassen. Da war ich so kurz vor meinem Ziel, und nun sollte die Übernachtung an einer solch banalen Angelegenheit wie der Bezahlung scheitern. Das konnte doch nicht wahr sein!

In meiner Verzweiflung stieß ich plötzlich hervor: „Ich zahle den doppelten Preis, aber bitte, lassen Sie uns in diesen Bungalows schlafen!" Sofort änderte die Schwester ihre Haltung, per Handschlag einigten wir uns über den zu zahlenden Preis, die Sister zeigte mir die Bungalows und drückte mir die Schlüssel in die Hand. Und auf die Schnelle war sie wieder im Haus verschwunden und wohl zu Bett gegangen. Erleichtert hielt ich die Zimmerschlüssel in der Hand und kehrte voll Stolz ins Roc-Hotel zurück. Dort hatten sich die kühlen Bierchen sehr wohltuend auf die Stimmung der Reisegruppe ausgewirkt. Meine Erzählung über die Begegnung mit der „Sister" löste Riesengelächter aus, und kurz darauf waren alle in den bescheidenen kleinen Bungalows untergebracht. Es waren zwar nicht die klimatisierten Zimmer des damals noch gut ausgestatteten Roc-Hotels, aber zumindest hatte jeder ein eigenes Bett. Und am nächsten Morgen konnte ich problemlos die Übernachtung direkt bei der „Sister" bezahlen.

Wir sollten später noch öfter mit unseren Reisegruppen in diesen Bungalows übernachten. Jedes mal bekamen wir die Schlafmöglichkeit zugesagt, und jedes Mal wieder war kein Bett bezogen, wenn wir eintrafen, sodass wir immer wieder erst lange warten mussten, bis die Sister die Schlüssel gefunden und genügend Bettlaken beschafft hatte. Doch das gehörte bald schon zum gewohnten Ritus. Die Hanglage bedingte ausgedehnte Treppenanlagen zwischen den einzelnen Schlafhäuschen. Dort verbrachten wir viele gemütliche Diskussionsnächte mit Rotwein und Knabberzeug, und sogar Geburtstage von Mitreisenden wurden dort gefeiert und sorgten für unvergessliche Momente.

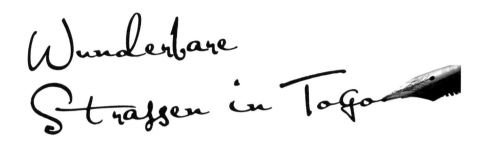

Wunderbare Straßen in Togo

Mit meinem Sohn Andy hatte ich mich auf den Weg gemacht, in der Umgebung von Sokodé nach interessanten Ausflugszielen zu suchen. Zunächst waren wir nach Fazao aufgebrochen. Das frühere hübsche Hotel liegt seit Jahren brach. Dennoch soll es dort im Busch der Umgebung des Dorfes Fazao noch immer viele Tiere, sogar Elefanten geben, die man mit Hilfe von Führern beobachten können soll.

Wir fuhren am Vormittag los und rollten auf der Route Nationale 1 in Richtung Süden. Nach etwa 20 Kilometern, kurz vor dem Dorf Ajengré, bogen wir nach rechts auf eine Piste ab, die nur anfangs vertrauenerweckend wirkte. Schon bald mühte sich Andy mit unserem kleinen Toyota Starlet recht mühsam über die holperige Straße. Im Zick-zackkurs versuchte er, den tiefen Schlaglöchern auszuweichen und tastete sich durch ausgespülte Querrinnen und über herausragende Felsbrocken und Baumwurzeln.

Plötzlich bremste er abrupt ab. Wir befanden uns vor einem Bachlauf, der die Straße querte. Eine Brücke, oder vielmehr was von einer ehemaligen Brücke noch übrig war, nämlich einige Holzbalken mit gefährlich aufgaffenden Spalten und Löchern, die den Blick nach unten in das schmutzigbraune Wasser des träge vor sich hin dümpelnden Baches frei gaben, waren die einzige Möglichkeit, auf die andere Uferseite zu gelangen. Vorsichtshalber stieg ich erstmal aus und testete die Standhaftigkeit dieses Übergangs zu Fuß. Sehr vertrauenerweckend erschien mir die Stabilität der Tragbalken nicht, ich sprang ein wenig darauf herum. Die Balken vibrierten, schienen aber stabil zu sein. Ob sie aber das Gewicht eines PKW's aushalten würden? Ich hatte da meine Zweifel, doch Andy meinte mutig: „Das passt schon", trat vorsichtig aufs Gaspedal und rollte der Fahrspur vorangefahrener Mutprobenbewältiger folgend auf die Restbrücke zu, traf zielsicher die zwei Fahrspurbalken und rollte behutsam über sie ans andere Ufer. Ich hatte mich mit ein paar Sätzen rechtzeitig auf festen Boden gerettet, kletterte nun erleichtert wieder in unseren kleinen Starlet, und die Holperfahrt konnte fortgesetzt werden.

Reichlich durchgeschüttelt kamen wir nach zweieinhalb Stunden Fahrt in Fazao an. Dabei hatten wir insgesamt gerade nur ungefähr 40 km zurück gelegt. Sofort war unser Auto von jungen Leuten umlagert. Wir erkundigten uns nach dem Hotel und ernteten nur bedauerndes Kopfschütteln. Das Hotel existierte nicht mehr. Aber auf die Frage nach anderen Übernachtungsgelegenheiten für Gruppen boten sich gleich mehrere Führer an, uns geeignete Unterkünfte zu zeigen.

Ich ließ mich also tatsächlich von einem jungen Mann ins Dorf führen, während Andy bei unserem Fahrzeug wartete. Ich folgte meinem Führer durch enge Gassen zwischen Lehmhütten, aus denen Kinder neugierig herauslugten, wich blökenden Ziegen und aufgeregt gackernden Hühnern aus, stolperte über herumliegende Steine und kletterte über unbehauene Stufen, bis wir endlich in einen Hof einbogen.

„Hier ist es", wies mein Führer mit stolzer Geste auf den sauber gefegten Platz hin. „Und wo kann man hier schlafen?" verwunderte ich mich.

Der junge Mann zog mich zu einer Türöffnung und schlüpfte vor mir hinein. Ich folgte ihm neugierig, und gelangte in den Innenraum, der angenehm kühl war. Zwei gemauerte Blöcke an der Wand stellten die Schlafstätten dar, aber mehr als für maximal zwei Leute gab es keinen Platz. Mein junger Führer schaute mich erwartungsvoll an, aber unter einem Hotel, auch wenn es nur eine bescheidene Herberge wäre, hatte ich mir etwas anderes vorgestellt. Wie viele Personen er denn so unterbringen könne, wollte ich wissen. Er lächelte und schlug vor, noch ein paar Matten auf dem Boden auszubreiten, dann könnten hier locker 8 Personen schlafen. Ich winkte dankend ab und kehrte zu Andy zurück.

Der hatte versucht, die Räder unseres Fahrzeugs zu untersuchen, wie sie die schlechte Piste überstanden hatten, war aber inzwischen von einer ganzen Bande Kinder umlagert, die an ihm herumfingerten, um seine weiße Haut zu spüren und die Konsistenz seiner Kleidung zu testen, vielleicht auch nach einem Portemonnaie zu suchen. Aber das hatte er wohlweislich im Wageninneren eingesperrt. Er war sehr erleichtert, als ich endlich wieder auftauchte. Wir quetschten uns mühsam durch die vielen Kinder in unser Auto und mit lautem Hupen gelang es uns, ganz langsam anzufahren. „Yowo, Yowo, cadeau, cadeau", liefen sie schreiend, lachend und bettelnd neben uns her, hingen an den Türgriffen und sprangen vor dem Auto herum. Erst als wir aus dem Dorf auf die Piste zu-

rückkehrten, konnte Andy leicht Gas geben und die Kinderschar blieb johlend und schrei-end zurück. Wir waren sicher für längere Zeit die einzige Abwechslung für sie gewesen.

Wir lachten, als ich Andy von dem „Großhotel" im Dorf erzählte, während wir uns die abwärts ebenso schwierig befahrbare Straße hinab kämpften. Plötzlich bremste Andy wieder abrupt ab. Diesmal hemmte nicht eine gefährlich aussehende Brücke unsere Fahrt, sondern ein frisch gefällter Baumstamm, der quer über der Fahrbahn lag. Ich war ziemlich verblüfft. Wie sollten wir nun weiter kommen?

Ich stieg aus und suchte nach den Verursachern dieser Straßensperre. Tatsäch-lich hockten ein paar schwarze Männer im Schatten und ruhten sich offensichtlich von der Anstrengung des Baumfällens aus. Sie begrüßten mich freundlich und waren sehr überrascht, als ich mich über die gesperrte Straße beschwerte. Ob sie denn nicht mit bekommen hätten, dass wir vor wenigen Stunden hier durchgefahren waren. Doch, doch, das hatten sie durchaus bemerkt. Ob sie sich nicht hätten denken können, dass wir hier auch wieder zurück kommen würden, insistierte ich. Auch das bestätigten mir die Waldarbeiter freundlich. Ich fragte empört: „Warum liegt dann der Baum quer über der Straße?" Man hätte ihn ja auch so fällen können, dass er neben der Straße zu liegen gekommen wäre. Schallendes Gelächter war die Antwort. Schließlich meinte einer der Männer, ich solle mich nicht so aufregen, in fünf Minuten sei der Baum entfernt und unsere Weiterfahrt wieder möglich. Andy und ich blickten uns nur an. Über togoische 5 Minuten wussten wir Bescheid. „O.k.", sagte ich ohne jede innere Überzeugung, „dann fahren wir also in fünf Minuten weiter."

Andy und ich begaben uns in aller Ruhe zurück zu unserem Auto, um Fotoapparat und Filmkamera zu holen und dieses neuerliche kleine Abenteuer fest zu halten. Da wir uns auf eine längere Wartezeit eingestellt hatten, beeilten wir uns natürlich nicht. Wäh-rend wir in unseren Taschen kramten, ertönte immerhin schon das brüllende Geräusch einer Motorkettensäge. „Wenigstens fangen sie schon an," dachte ich innerlich. Endlich waren wir film- und fotografierbereit und wandten unsere Aufmerksamkeit wieder dem Baum zu. Aber oh Wunder, von dem war nur noch ein letzter großer Strunk auf der Fahrbahn. Fachgerecht hatten die Männer den Stamm in mehrere Stücke zersägt und die Einzelteile zur Seite gerollt. In genau fünf Minuten war unsere Straße wieder frei befahrbar. Selten war ich so verblüfft wie dieses Mal über eine togoische Zeitangabe. Ohne ein einziges Foto mussten wir wieder ins Auto steigen. Ich belohnte die Männer noch mit einem ordentlichen Trinkgeld für ihr rasches Arbeiten, und dann setzten wir unsere Fahrt ungehindert fort, überquerten die baufällige Brücke ohne Zwischenfall und erreichten glücklich die Teerpiste der Route Nationale 1. Unsere Reifen hatten den schwierigen Straßenbedingungen gut stand gehalten, eine Tatsache, die mich immer wieder aufs Neue verwunderte.

Am nächsten Tag hatten wir eine Fahrt nach Tchamba auf unserem Programm. Ich kannte dieses Dorf nahe der Beningrenze noch nicht, aber unser guter Freund Rachmann Abrangao, der aus Tchamba stammt, hatte es uns dringend ans Herz gelegt, es unbedingt einmal zu besuchen. Bäcker Bouba in Sokodé, der seine Bäckermeisterausbildung in Deutschland gemacht hatte und bei dem wir übernachteten, behauptete, dass die Straße dorthin ganz neu und daher in ausgezeichnetem Zustand sei. Ich war skeptisch, was man in Togo wohl bereits als „sehr gute" Straße bezeichnete, doch als wir wieder von der Route Nationale 1 in Richtung Tchamba abbogen, fanden wir uns tatsächlich auf einer wunderbar geteerten Straße ohne einem einzigen Schlagloch wieder. War das ein Genuss, mit unserem kleinen Starlet völlig gleichmäßig dahin zu gleiten. Wir fühlten uns wie auf einer europäischen Autobahn, auch unser Fahrtempo kam uns autobahnmäßig schnell vor, obwohl wir gerade mal mit 80 km/h fuhren.

Pünktlich kamen wir an der Tankstelle am Ortseingang an, wo der Treffpunkt mit Rachmanns Freunden vereinbart war. Wir meldeten also per Handy unsere Ankunft an, und kurz darauf erschienen zwei Motorradfahrer und begrüßten uns überschwänglich. Wir hatten vereinbart, dass wir nur das Dorf und das Projekt besichtigen würden, dass aber keinesfalls ein Empfang für uns gestaltet werden sollte. Ich wiederholte diese Bitte, und das Programm wurde mir entsprechend bestätigt, nur sollten wir unbedingt vorher noch beim Pfarrer vorbei fahren und ihn kurz begrüßen, sonst wäre er beleidigt. Also stimmten wir zu, auch wenn ich schon wieder um den Zeitverbrauch unseres Besuches bangte, denn wir wollten an diesem Tag noch bis nach Lomé zurückfahren. Da Fahrten im Dunkeln ziemlich gefährlich waren, versuchte ich stets, Nachtfahrten zu vermeiden. Aber natürlich wollten wir auch den örtlichen Pfarrer nicht verärgern. Also stimmten wir dem kurzen Zwischenhalt gerne zu.

Der Pfarrer entpuppte sich als ein polnischer Missionar, der uns zum Mittagessen erwartet und bereits aufgetischt hatte. Also blieb uns nichts anderes übrig, als die leckeren Yams-Friten und das Rindergulasch zu akzeptieren. Togoische Gastfreundschaft ist einfach unübertrefflich. Auch mit kühlen Getränken wurden wir reichlich versorgt, und so waren wir guter Dinge, trotz der fortgeschrittenen Zeit, als wir endlich gemeinsam zur Besichtigung des Dorfes und des Krankenhauses aufbrachen. „Jetzt aber schnell, schnell", ermahnte ich Rachmann's Freunde. „Klar", stimmten diese uns lächelnd zu und fuhren uns mit dem Motorrad voraus. Das weitläufige Städtchen besteht aus vielen kleinen sauberen Lehmhütten mit ordentlichen Wegen dazwischen. Wir bogen mehrfach rechts und links ab. Ich hatte schon jede Orientierung verloren, als wir schließlich auf einem großen Platz, offensichtlich dem Mittelpunkt von Tchamba, ankamen. Ich riss meine Augen vor Staunen weit auf. Der ganze Platz war schwarz von Menschen, die sich für unseren Besuch versammelt hatten. An der Kopfseite des Platzes waren unter dem üblichen Schattendach aus Palmblättern Stühle aufgereiht, zu denen wir höflich gebeten wurden. Der Dorfchef und all seine Honoratioren erwarteten uns dort und begrüßten uns mit allem ehrenvollen Zeremoniell. Ich war nahezu sprachlos. Rachmanns Freunde hielten sich in respektvollem Abstand, so dass ich mich nicht bei ihnen beschweren konnte. Ich warf Andy, der ein paar Stühle von mir entfernt saß, einen hilflosen Blick zu, der verdrehte jedoch nur die Augen gen Himmel und zuckte gottergeben mit den Schultern. Was sollten wir auch machen? Die togoische Gastfreundschaft ist einfach unübertrefflich.

Wir mussten also mal wieder den üblichen Redemarathon über uns ergehen lassen, den Dank der Bevölkerung entgegen nehmen, weil wir ihren „Sohn" Rachmann bei seinen Projekten so sehr unterstützten, etc. etc. Ich antwortete mit einem Lob für ihr eigenes Engagement und versuchte den Rest des Programms mit dem Hinweis auf die noch vor uns liegende Rückfahrt nach Lomé abzukürzen. Doch die Übergabe von Geschenken musste noch absolviert werden, und außerdem müsse ich unbedingt noch Rachmanns Projekt, näm-  lich die medizinische Ausstattung des hiesigen Krankenhauses anschauen.

Ich stürmte schließlich im Eilschritt durch die einzelnen Räume und Abteilungen des kleinen Krankenhauses, ärgerte mich über die schrottreifen Geräte, die man ihnen aus Europa „großzügig" geschenkt hatte und die nun hier standen, ohne zu funktionieren. Doch Ersatzteile, so ließ man sie aus Europa wissen, gebe es nicht mehr. Es müsse sich um Transportschäden handeln, denn die Geräte hätten doch vorher in Deutschland noch wunderbar funktioniert. Immer wieder traf ich auf solche angeblichen Hilfen, die eigentlich nur eine preisgünstige Entsorgung von Altgeräten darstellten. Oft genug zahlten die armen Afrikaner noch gutgläubig Geld für solche Sachspenden, sodass die Geber in Europa nicht nur ihre Entsorgungskosten sparten, sondern auch noch daran verdienten und sich gleichzeitig als große Gönner der Entwicklungsländer auf die Schulter klopfen ließen. Auch Rachmann war auf die Versprechungen, es handle sich um ein neuwertiges, gut funktionierendes Röntgengerät, das man ihm für sein Dorfkrankenhaus überlassen hatte, herein gefallen. Er hatte viel Geld für den Transport ausgegeben, und nun stand es hier und funktionierte doch nicht, weil ein Teil fehlte, das nicht mehr beschafft werden konnte. Die Enttäuschung in Tchamba war groß.

Leider konnte ich auch keine Abhilfe für das Schrottgerät bieten und nur warnen, das nächste Mal vorsichtiger bei der Annahme solcher falschen Geschenke zu sein. Stattdessen aber kündigte ich die Unterstützung mit unseren Sachspenden wie Krankenhausbetten und Arzneimittel an. Mit diesem Versprechen verabschiedete ich mich nun aber endgültig, denn unser vorgesehener Zeitplan war wirklich völlig überschritten. Unter vielem Händeschütteln, Bon-Courage-Wünschen und wiederholten Zusagen, wieder zu kommen, drängten Andy und ich uns zu unserem Auto. Der Pfarrer brauchte noch unbedingt unsere Adresse, woraufhin sich eine Vielzahl von Händen durch das geöffnete Seitenfenster streckte, um ebenfalls eine Visitenkarte zu ergattern. Wieder versuchte Andy, langsam anzurollen, um aus der Menschenmenge heraus zu chauffieren. Und endlich befanden wir uns wieder auf der wunderbar glatten Straße von Tchamba nach Sokode.

Erleichtert lehnte ich mich in den Sitz zurück. Was für eine Wohltat: keine Menschenmenge mehr um uns herum, keine Schlaglöcher vor uns, nur ein bisschen Zeitdruck, weil wir ja noch bis Lomé zurückkehren wollten, also noch ca. 355 km Straße vor uns hatten. „Gib Gas, Andy", sagte ich überflüssigerweise, denn mein Sohn trat bereits aufs Gaspedal, und wir rasten mit der atemberaubenden Geschwindigkeit von 90 kmh Richtung Sokode. Kein einziges Schlagloch, keine Querrinne hemmte unsere Fahrt. Wir genossen es in vollen Zügen.

Doch unsere Freude sollte nicht lange währen. Plötzlich machte es nämlich einen Schlag und das Auto fing furchtbar zu rumpeln an. Vorsichtig bremste Andy ab und brachte den Wagen sicher am Straßenrand zu stehen. Schnell sprangen wir aus dem Auto um nachzusehen, was geschehen war. Andy bemerkte sofort den platten Hinterreifen auf der Fahrerseite. Wie konnte das denn sein? Ich stand ziemlich fassungslos vor dem kaputten Rad. Während all der vielen Schlaglöcher, Querrinnen und Buckelpisten, wo ich eigentlich jede Minute damit rechnete, dass unser Auto auseinanderfiel oder zumindest ein Reifen den Dienst versagte, war nichts passiert. Hier aber auf der besten Straße, die Togo zu diesem Zeitpunkt zu bieten hatte, wo nicht der geringste Widerstand die Fahrtüchtigkeit unseres Fahrzeugs belastete, ausgerechnet hier musste diese Reifenpanne passieren. Mitten in der Prärie, weit und breit war kein Dorf zu sehen, nicht einmal eine kleine Rundhütte, nur die Sonne strahlte vom Himmel und erhitzte unbarmherzig den Asphalt und unser kleines Auto.

Andy blieb nichts anderes übrig, als den Wagenheber heraus zu kramen, den Starlet hochzuhieven und die Schrauben der Radkappen zu lösen. Zum Glück war alles notwendige Handwerkszeug vorhanden. Das hatten wir wohlweislich vor unserer Abreise überprüft. Ich überlegte noch, ob ich die Warndreiecke aufstellen sollte, aber es war mir einfach viel zu heiß. Die Entscheidung, auf die Warndreiecke zu verzichten, sollte sich als richtig herausstellen, denn außer zwei Radfahren, die mit einem freundliche „Bon courage" an uns vorüber radelten, kam kein einziges Fahrzeug und natürlich auch kein Helfer vorbei. Schweißgebadet hatte es Andy dennoch in kurzer
Zeit geschafft, das Ersatzrad zu montieren. Erleichtert wollten wir unsere Fahrt fortsetzen, als sich ein neuerliches Problem auftat: das Ersatzrad war nur halb mit Luft gefüllt.

Kopfschüttelnd und ratlos standen wir vor dem frisch aufgezogenen Reifen und wussten nicht so recht weiter. Die nächste richtige Tankstelle, um den Reifen aufzupumpen, würden wir erst in Sokode finden. Mit so wenig Luft im Rad aber konnten wir die Fahrt nicht wirklich fortsetzen. Doch ich war optimistisch und schlug Andy vor, ganz vorsichtig und langsam ins nächste Dorf zu fahren. In jedem Dorf gibt es eine Verkaufsstelle für Benzin, auch wenn es sich nur um eine Bretterbude mit ein paar Flaschen, in denen Benzin ziemlich zweifelhafter Konsistenz abgefüllt war, handelte. Ich ging einfach davon aus, dass man da, wo es Benzin gab, auch Luft für die Reifen bekommen könne.

Andy rollte also mit unserem lädierten Wagen ganz langsam weiter, und nach einigen Kilometern, die uns endlos lang erschienen waren, erreichten wir das nächste Dorf. Gleich zu Beginn entdeckte ich erfreut tatsächlich den üblichen Benzinverkaufsstand. Hoffnungsvoll stieg ich aus dem Auto und erklärte den erstaunten Verkäufern, dass ich „Luft" brauche. Erst mit viel Gestikulieren und Hinweis auf den Hinterreifen dämmerte es den beiden jungen Männern, dass wir nicht eine Lösung für ein Atemproblem suchten, sondern eine Pumpe für unseren kaputten Reifen brauchten. Es begann ein heftiges internes Palaver, von dem ich kein Wort verstand, weitere Familienmitglieder wurden herbei geholt und zu Rate gezogen. Schließlich wandte sich einer der jungen Männer wieder an mich und erklärte mir voll Stolz, dass ich in ihrem Dorf durchaus Luft für unseren Reifen bekommen könne. Unterstützt von vielen Gesten erklärte er mir den Weg dorthin: „Geradeaus weiterfahren, bis links die Schule kommt. Nach der Schule kommt ein Abzweig nach links. Hier einbiegen. An der Ecke bei diesem Abzweig ist eine Autowerkstatt. Dort gibt es Luft."

Andy und ich waren über diese Auskunft sehr erfreut und setzten voller Hoffnung unsere langsame Fahrt fort. Tatsächlich, wir fanden die Schule, wir fanden den Abzweig nach links, und wir fanden an der Ecke des Abzweigs eine Art von Werkstatt, die bei großzügiger Auslegung der Bezeichnung auch als Autowerkstatt angesehen werden konnte. Drei Männer hockten dort tatenlos im Schatten und blickten mir mit stoischer Ruhe entgegen, als ich erneut aus unserem Auto kletterte und mich nach einem Ansprechpartner umsah. Erneut erzählte ich in aller Ausführlichkeit unsere Reifenpanne und das Luftproblem unseres Ersatzrades. Da erhoben sich die drei bereitwillig, erklärten mir in vollster Überzeugung, dass sie alle drei Automechaniker seien und das Problem auf jeden Fall lösen könnten. Ich ließ mir meine Skepsis nicht ankennen, sondern forderte sie freundlich auf, sich den Schaden an unserem Auto anzusehen. Voll Interesse umrundeten sie unseren Wagen, gaben fachmännische Kommentare zum Zustand unseres Starlets ab und begutachteten schließlich den Ersatzreifen. Sie befühlten den Gummi, betasteten die Schrauben, fingerten am Ventil herum und begannen ebenfalls eine heftige Diskussion. Ich wartete geduldig ab.

Endlich schienen sich die drei Mechaniker auf eine Möglichkeit der Problembehebung geeinigt zu haben. „Du courage, ça va aller – nur Mut, das wird schon klappen", bedeuteten sie mir und verschwanden in ihrer Werkstatthütte. Nach einigem Rumoren erschienen sie wieder, zerrten einen alten Generator ins Freie, verbanden ihn mit einem Gerät, aus dem ein langer Schlauch bis zu unserem Autoreifen reichte und dort an das Ventil gesteckt wurde. Der Generator wurde angelassen und machte einen Höllenlärm, auch das andere Gerät wurde eingeschaltet, den langen Schlauch ergriff ein Zittern und Vibrieren, wir starrten alle gebannt auf den Reifen, doch dort passierte nichts.

Wieder entwickelte sich zunächst eine heftige Diskussion, einer der Mechaniker verschwand in der Werkstatt und kehrte mit einem alten Lappen von undefinierbarer Farbe zurück. Das Schlauchende wurde mit dem Stofffetzen umwickelt und erneut an unser Reifenventil gesteckt. Das Gerät wurde erneut eingeschaltet, und siehe da – mir schien es an ein Wunder zu grenzen – unser Reifen füllte sich langsam, aber sicher. Das Gerät zeigte sogar an, wann ungefähr der richtige Luftdruck erreicht war. Andy hatte dies schon in der Betriebsanleitung, die er im Handschuhfach entdeckt hatte, nachgeprüft. Erleichtert blickten wir uns an: nun konnte unsere Fahrt einigermaßen gefahrlos fortgesetzt werden. Als ich die Männer nach dem Preis für ihre Leistung fragte, setzte erneut ein heftiges Palaver ein. Offensichtlich konnten sich die drei nicht einigen. Normalerweise hätte es mir Spaß gemacht, mit ihnen über den Preis zu verhandeln. Doch heute wollten wir endlich weiterfahren. Ich drückte daher unseren „Rettern" eine großzügige Entlohnung in die Hand und lobte sie überschwänglich für ihre Automechanikerfähigkeiten. Dann endlich stiegen wir wieder ins Auto und setzten unsere Fahrt mit vorsichtig beschleunigter Geschwindigkeit fort.

Wieder einmal stellte ich fest, dass es in Togo für nahezu jedes Problem letztendlich doch eine Lösung gab. Ich hatte dies ja schon sehr oft erlebt. Wir beschlossen nun, erst nochmal zu Bäcker Bouba zu fahren, damit vor allem Andy sich ein wenig waschen konnte, und um nochmal etwas Kühles zu trinken, bevor wir endgültig die Rückfahrt nach Lomé antreten würden.

Bäcker Bouba lachte schallend, als wir ihm unser Abenteuer erzählten. „So ist das in Togo", versicherte er uns. Dann aber wurde er ernst und meinte, dass wir den weiten Weg nach Lomé keinesfalls ohne Ersatzrad antreten sollten. Darüber hatte ich mir auch schon Gedanken gemacht. Aber woher auf die Schnelle ein neues Reserverad nehmen? Aber für Bäcker Bouba war das kein Problem: „Gib mir 20.000,- CFA (ca. 30,- €) und in 10 Minuten hast du ein neues Rad." Ich war skeptisch: „Ein passendes? Und für so wenig Geld?" „Lass mich nur machen", und damit setzte er sich in seinen eigenen klapprigen Wagen und verschwand.

Andy und ich warteten wieder einmal geduldig, tranken ein kühles Bierchen und debattierten über die Chancen, ob Bouba erfolgreich sein würde oder nicht. Wir wollten lieber keine Wetten abschließen.

Schon nach einer Viertelstunde erschien Bouba wieder und strahlte über das ganze Gesicht. Tatsächlich hatte er ein komplettes Rad für unseren Toyota mitgebracht. „Hat das Geld gereicht?" fragte ich staunend. Bouba grinste: „Der Verkäufer wollte eigentlich 30.000,- CFA, aber da es sein letzter Reifen war, habe ich ihn auf 20.000,- CFA heruntergehandelt,". Ich konnte es kaum fassen: Für den letzten Reifen hätte ich wahrscheinlich sogar die doppelte Summe bezahlt, nur um ihn zu bekommen. Ich schlug vor, den neu gekauften Reifen wieder gegen das Ersatzrad auszutauschen, dessen Zuverlässigkeit mit der nachgefüllten Luft mir etwas fraglich schien. Doch sowohl Andy als auch Bäcker Bouba drängten nun zur Abfahrt, denn wir sollten möglichst viel der Wegstrecke noch bei Tageslicht schaffen. Also bedankten wir uns herzlich bei Bäcker Bouba für seine Unterstützung und fuhren wohlgemut los.

Der erste Straßenabschnitt von Sokode nach Sotouboua war in relativ gutem Zustand, und Andy fuhr zügig voran. Es herrschte wenig Verkehr, ich machte es mir im Beifahrersitz gemütlich, Andy pfiff ein Liedchen vor sich hin. So legten wir Kilometer um Kilometer zurück. Der Nachmittag neigte sich dem Ende zu, bald würde die kurze Dämmerungsphase einsetzen und gleich danach völlige Dunkelheit herrschen. Hinter Sotouboua begannen wieder Schlaglöcher unser Tempo zu beeinträchtigen. Je langsamer wir fahren mussten, umso mehr hörten wir ein merkwürdiges Fahrgeräusch. Sobald wir wieder beschleunigen konnten, hörte das Geräusch auf. Andy hielt an, um beim letzten Tageslicht nachzuschauen, woher dieses Geräusch kommen könnte. Er umrundete unser Auto, prüfte alle Reifen, besonders das Ersatzrad, konnte aber nichts entdecken. Achselzuckend stieg er wieder ein. Vermutlich spielten uns unsere Nerven einen Streich und wir hörten vor lauter Sorge vor der nächsten Panne solche Geräusche. Andy startete und fuhr weiter.

In den Dörfern, die wir durchquerten, gab es keinen Strom. Viele Frauen saßen mit kleinen Ölfunzeln an ihren Ständen am Straßenrand und hofften noch immer auf Kundschaft. Aber auch in den Städten herrschte völlige Dunkelheit, weil nahezu im ganzen Land der Strom abgeschaltet war. Der ausbleibende Regen hatte den Wasserpegel des Stausees in Ghana so sehr absinken lassen, dass es nicht mehr genug Strom gab. Böse Zungen behaupteten allerdings auch, Togo habe seine Stromrechnungen nicht bezahlt und bekäme daher keine Stromlieferungen mehr.

Sobald wir in den Ortschaften langsam fahren mussten, meldete sich das Geräusch unerbittlich wieder und wurde immer lauter. Nein, das konnten nicht nur unsere Nerven sein, irgendetwas stimmte nicht und wir mussten herausfinden, was das war. Doch überall herrschte völlige Dunkelheit, selbst in den Städten, die wir durchquert hatten. Die einzigen Lichtquellen gab es bei den Tankstellen. Wir steuerten also die nächste Tankstelle an, die glücklicherweise nicht weit entfernt war. Beim schwachen Licht einer einzigen Lampe bei den Zapfsäulen und mit Hilfe unserer Taschenlampe untersuchte Andy erneut den Unterbau unseres Autos. Und diesmal entdeckte er das neuerliche Problem: auf der Innenseite, von außen nicht einsehbar, hatte sich an unserem Reserverad eine Riesenbeule entfaltet, die das rumpelnde Geräusch verursachte.

Wie gut, das Bouba uns ein weiteres Reserverad besorgt hatte! Seufzend wollte Andy sich erneut an den Radwechsel machen, doch die Tankstellenbesitzer bedeuteten uns, dass wir keinesfalls länger unter ihrer einzigen Lichtquelle stehen bleiben dürften, um nicht etwaige Kunden am Tanken zu hindern. Es war zwar weit und breit kein Fahrzeug mehr unterwegs, aber gehorsam schoben wir unseren Starlet zur Seite. Immerhin schleppte einer der Tankwarte eine stark strahlende Taschenlampe an, und mit dieser

Beleuchtung gelang Andy der zweite Radwechsel an diesem Tag. Mit gemischten Gefühlen setzten wir unsere Fahrt fort. Würden wir nun ohne weitere Panne bis nach Lomé gelangen?

Es war eine anstrengende Fahrt durch die Nacht. In der Nähe von Siedlungen musste man besonders auf Fußgänger achten, die man wegen ihrer schwarzen Hautfarbe im Dunkeln sehr schwer ausmachen kann. Da es über lange Strecken keine Randbegrenzungen oder sonstige Fahrbahnmarkierungen in Togo gibt, nicht einmal einen weißen Mittelstreifen, hat man nur eine sehr beschränkte Vorausschau über den weiteren Verlauf der Fahrbahn, und die Schlaglöcher kann man eigentlich nur noch erahnen. Wir kamen also nur langsam voran. Zum Glück gab es kaum Verkehr, erst als wir die Vororte von Lomé erreichten, wurde auch das Verkehrsaufkommen wieder dichter. Auch in der Hauptstadt herrschte völlige Finsternis, keine Ampel, keine Straßenlampe leuchtete, aus kaum einem Fenster drang Licht. Die ganze Stadt war in Dunkelheit gehüllt. Ein Freund wollte uns am Stadtrand erwarten, um uns zu unserem Quartier zu lotsen. Er rief uns auch tatsächlich am Handy an, als wir gerade den ersten Außenbezirk erreicht hatten. Als Treffpunkt schlug er uns ein Hochhaus an der Strecke mit einem unübersehbaren Werbeschriftzug vor. Aber da der Strom gesperrt war, leuchtete der Schriftzug natürlich nicht, und wir konnten den Treffpunkt nicht orten. Zum Glück verfügt Andy über einen ausgezeichneten Orientierungssinn. Er konnte sich gut erinnern, auf welcher Strecke wir die Stadt verlassen hatten, und konnte uns tatsächlich ohne Umweg direkt zu unserem Hotel bringen. Sehr erleichtert stiegen wir aus, dankbar dass wir wohlbehalten nach all diesen Abenteuern in Lomé angekommen waren. Togos Straßen liefern uns bis heute unendlichen Gesprächsstoff.

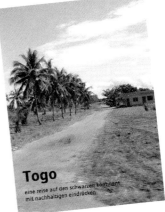